HERDER / SPEKTRUM *MEISTERDENKER*

HERDER / SPEKTRUM

Das Buch

Immanuel Kant (1724–1804) ist wohl der einflußreichste moderne Philosoph, aber auch einer der schwierigsten. Die grundlegenden und umwälzenden Ideen des Königsberger Philosophen bestimmen bis heute maßgeblich das Denken von Freiheit und Vernunft, von Objektivität, Subjektivität und Wirklichkeit. Roger Scruton stellt die außerordentlich komplexen Gedankengänge der Hauptwerke Kants kurz und prägnant dar. Er erforscht die Hintergründe von Kants Denken und zeigt, warum die *Kritik der reinen Vernunft* eines der wenigen philosophischen Bücher ist, die eine Revolution im Denken ausgelöst haben. Die BBC-Zeitschrift *Listener* urteilte: „Es gelingt Roger Scruton, auf äußerst elegante und gewandte Weise eine elementare Darstellung der Philosophie Kants zu geben."

Der Autor

Roger Scruton war Professor für Philosophie am Birkbeck College in London und an der Boston University sowie Gastprofessor in verschiedenen europäischen und außereuropäischen Ländern. Heute ist er freiberuflich u. a. als Philosoph, Schriftsteller, Journalist, Herausgeber und Verleger tätig. Außerdem ist er Komponist und Organist. Zu seinen über 20 Büchern zählen *Art and Imagination, A Short Story of Modern Philosophy, A Dictionary of Political Thought, Spinoza* und *Modern Philosophy.* Darüber hinaus ist er der Autor mehrerer literarischer Werke.

Roger Scruton

Kant

Aus dem Englischen
von Martin Laube

Herder
Freiburg · Basel · Wien

Dieser Band, zuerst auf englisch publiziert,
erscheint mit freundlicher Genehmigung von Oxford University Press.

Deutsche Erstausgabe

Genehmigte Lizenzausgabe Panorama Verlag, Wiesbaden
Lektorat: Lukas Trabert
Satz: DTP-Studio Helmut Quilitz, Denzlingen
Druck und Bindung: GGP Media, Pößneck
Umschlaggestaltung: Joseph Pölzelbauer
Umschlagmotiv: Aquarell von Gottlieb Doeppler:
Kant 1791, Bildarchiv Herder
ISBN 3-926642-43-2

Inhalt

Vorwort

Ich habe versucht, Kants Denken in unserer heutigen Sprache darzustellen und dabei möglichst wenig philosophisches Fachwissen vorauszusetzen. Da Kant zu den schwierigsten Philosophen der Moderne zählt, kann ich nicht hoffen, dem Leser jeden Aspekt seines Denkens verständlich gemacht zu haben. Es ist nicht sicher, daß irgend jemandem jeder Aspekt seines Denkens verständlich gewesen ist – einschließlich Kant selbst. Kants Philosophie ist dermaßen tief und komplex, daß erst nach intensiver Auseinandersetzung die Bedeutung seiner Fragen und der Reichtum seiner Antworten verstanden werden können. Kant hoffte, die Grenzen des menschlichen Verstandes aufzuzeigen; doch er sah sich genötigt, sie zu überschreiten. Der Leser sollte daher nicht überrascht sein, wenn er diese Einführung mehr als einmal lesen muß, um Kants Sicht der Dinge richtig einschätzen zu können. Diese Sicht zu teilen, bedeutet, die Welt anders zu sehen; um dahin zu kommen, reicht ein Tag nicht aus.

Die erste Fassung dieses Buches wurde in Prag geschrieben. Ich bin Dr. Ladislav Hejdánek zu Dank verpflichtet – nicht nur für die Einladung, in seinem Seminar über den kategorischen Imperativ zu sprechen, sondern ebenso für das Beispiel, das er in dessen Befolgung gegeben hat. Ich habe Unterstützung erfahren von Ruby Meager, Mark Platts und Dorothy Edgington, die eine spätere Fassung kommentiert haben, sowie von den Studenten der Universität London, die während der vergangenen zehn Jahre das Unterrichten der Kantischen Philosophie so lohnend haben sein lassen. Darüber hinaus verdanke ich viel – sehr viel mehr, als ich ausdrücken kann – der Liebenswürdigkeit von Lenka Dvoráková, der dieses Buch gewidmet ist.

Abkürzungen

Die Schriften Kants werden nach folgenden Ausgaben zitiert. Dabei beziehen sich die angegebenen Seitenzahlen – mit Ausnahme der Pädagogik und der Briefe – auf die Paginierung der Originalausgaben:

Kritik der reinen Vernunft (Riga 1781 (A), 2. Auflage 1787 (B)), hg. von J. von Timmermann, Hamburg 1998. Jeweils mit Seitenzahlen von A und/oder B zitiert.

KpV: Kritik der praktischen Vernunft (Riga 1788), hg. von K. Vorländer, 10. Aufl., Hamburg 1990.

KdU: Kritik der Urteilskraft (1. Aufl., Riga 1790; 2. Aufl. Riga 1793), hg. von K. Vorländer, 7. Aufl., Hamburg 1990.

PM: Prolegomena zu einer jeden künftigen Metaphysik, die als Wissenschaft wird auftreten können (Riga 1783), hg. von K. Vorländer, Hamburg 1957.

GMS: Grundlegung zur Metaphysik der Sitten (Riga 1785), hg. von K. Vorländer, Hamburg, 7. Aufl. 1994.

P: Pädagogik, in: Kants gesammelte Schriften, hg. von der Königlich Preußischen Akademie der Wissenschaften, Erste Abteilung: Werke, Bd. 9: Logik – Physische Geographie – Pädagogik, Berlin/Leipzig 1923.

Briefe: Kants Briefwechsel, Bd. I: 1747–1788, in: Kants gesammelte Schriften, hg. von der Königlich Preußischen Akademie der Wissenschaften, Zweite Abteilung: Briefwechsel, Bd. 1, Berlin/Leipzig, 2. Aufl. 1922.

1. Leben und Werk

Der größte moderne Philosoph wurde von nichts anderem beherrscht als von der Pflicht. Sein Leben verlief dementsprechend äußerst unauffällig. Kant zufolge ist der tugendhafte Mann so sehr Herr seiner Leidenschaften, daß er sich kaum von ihnen treiben läßt, und so gleichgültig gegenüber Macht und Ansehen, daß er sie im Vergleich mit der Pflicht für bedeutungslos hält. Sein eigenes Leben richtete er so ein, daß er diesem Ideal mühelos folgen konnte: Er widmete sich voll und ganz der Gelehrsamkeit und hatte seine Gewohnheiten darauf abgestimmt. Der kleine Königsberger Professor wurde so zum Typus des modernen Philosophen: gefangen in einer Nußschale, aber mit dem Anspruch, König über den unendlichen Weltraum zu sein.

Immanuel Kant wurde 1724 in Königsberg als viertes von neun Kindern eines armen Sattlermeisters geboren. Kants Eltern waren einfache Leute und fromme Pietisten. Zu jener Zeit übte der Pietismus, eine Reformbewegung innerhalb des Luthertums, auf die unteren und mittleren Schichten in Deutschland eine große Anziehungskraft aus, indem er Arbeit, Pflicht und Gebet als heilig ansah und so über das Elend hinwegtröstete. Seine Vorstellung von der Herrschaft des Gewissens hatte einen bleibenden Einfluß auf Kants Moralauffassung. Obwohl in mancherlei Hinsicht antiintellektuell eingestellt, stellte der Pietismus doch zugleich eine der treibenden Kräfte für den Aufschwung des Bildungswesens im Deutschland des ausgehenden 17. Jahrhunderts dar. So wurde auch in Königsberg eine pietistische Schule eingerichtet, auf die Kant im Alter von acht Jahren geschickt wurde, nachdem ein besonnener und wohlmeinender Pfarrer seine Begabungen erkannt hatte. Es stellt einen Glücksfall für die Nachwelt dar, daß jemandem von der niederen Herkunft Kants eine solche Erziehung zuteil werden sollte. Doch für den jungen Kant selbst war es vermutlich keine besonders glückliche Zeit: Die Dankbarkeit gegenüber seinen Lehrern verband sich so sehr mit einem Widerwillen gegen den von ihnen ausgeübten religiösen Zwang, daß er sich in späteren Jahren jeder Mitteilung über seine Schulzeit enthielt. Einen gewissen Eindruck davon kann man aus einer Bemerkung gewinnen, die sich in einer aus den späten Vorlesungsnotizen herausgegebenen kleinen Erziehungsschrift findet:

> „Viele Leute denken, ihre Jugendjahre seien die besten und die angenehmsten ihres Lebens gewesen. Aber dem ist wohl nicht so. Es sind die beschwerlichsten Jahre, weil man da sehr unter der Zucht ist, selten einen eigentlichen Freund und noch seltener Freiheit haben kann." (P 485)

In einem Brief an Kant schreibt der Philologe und frühere Schulfreund David Ruhnken zu einer Zeit, als beide bereits berühmt geworden waren: „Dreißig Jahre sind vergangen, seitdem wir beide unter der zwar pedantisch finsteren, aber doch nützlichen und nicht verwerflichen Zucht der Fanatiker geseufzt haben" (Briefe, 117; Übersetzung aus dem Lateinischen). Es läßt sich nicht leugnen, daß Kant seine Schulzeit mit einem beträchtlichen Maß an Trübsinn beendete, zusammen mit einer bemerkenswerten Selbstdisziplin. Seine frühen Mannesjahre verwandte er zu einem guten Teil darauf, mit Hilfe dieser Selbstdisziplin seine Schwermut zu vertreiben. Darin aber war er überaus erfolgreich. Trotz widriger Umstände, eines mißgestalteten und kleinen Körpers und des Verlustes sowohl des geachteten Vaters als auch der zutiefst geliebten Mutter entwickelte sich Kant bald zu einem der beliebtesten Bürger Königsbergs, der wegen seiner Anmut, seines Witzes und seiner schlagfertigen Konversation überall gern gesehen war.

Kant schrieb sich mit sechzehn Jahren an der Universität seiner Heimatstadt ein und schloß das Studium sechs Jahre später ab. Da es ihm nicht gelang, eine akademische Anstellung zu erhalten, arbeitete er als Privatlehrer in verschiedenen Häusern. Erst mit einunddreißig Jahren bekam er eine Stelle an der Universität als Privatdozent, eine unbezahlte Beschäftigung, die es ihm erlaubte, öffentliche Vorlesungen zu halten und sich durch Privatunterricht ein karges Entgelt zu verdienen. Zu dieser Zeit hatte Kant bereits Arbeiten über Dynamik und Mathematik veröffentlicht. Zugleich hatte er sich durch die Beziehungen, die ihm seine Stellung als Privatlehrer eröffnete, die gesellschaftliche Leichtigkeit erworben, die ihm den Titel „der galante Magister" einbrachte.

Königsberg war damals eine einigermaßen bedeutende Stadt mit 50 000 Einwohnern und einer wichtigen Garnison. Als Hafenstadt für den ostpreußischen Handel hatte sie eine geschäftige und gemischte Bevölkerung mit vielen Niederländern, Engländern, Polen und Russen. Die 1544 als Collegium Albertinum gegründete Universität stellte einen kulturellen Mittelpunkt von einiger Bedeutung dar, obgleich sie in der Mitte des 18. Jahrhunderts so sehr in die Provinzialität abgesunken war, daß Friedrich der Große, als er die Stadt im Jahre 1739 als Kronprinz besuchte, meinte, sie sei „besser geeignet, Bären zu trainieren, denn dazu, ein Theater der Wissenschaften zu werden". Im Jahr darauf bestieg Friedrich den Thron und tat sein Bestes, auch in diesen Winkel seines Königreiches die hohe Kultur und geistige Toleranz zu bringen, die seine Herrschaft auszeichneten. Kant, der bereits entschlossen war, Wahrheit und Pflicht über alles zu stellen, schätzte sich glücklich, daß seine Universität ihm dabei keine größeren Hindernisse in den Weg legte. Vielleicht lag es daran, zusammen mit der tiefen Bindung an seine Heimatstadt, daß er dort so lange auf seine erste Berufung wartete – und danach nochmals 15 Jahre, bis er endlich mit 46 Jahren die Professur bekam, die er angestrebt hatte. Während dieser Zeit, in der Kant mehrere Male Angebote anderer deutscher Universitäten ablehnte, hielt er gewissenhaft

Vorlesungen, die seinen Ruf begründeten. Dabei beschäftigte er sich vornehmlich mit Mathematik und Physik. Im Alter von einunddreißig Jahren veröffentlichte er eine Abhandlung über den Ursprung des Universums, die die erste Formulierung der Nebel-Hypothese beinhaltet. Gleichwohl war er verpflichtet, eine Vielzahl von Themen zu behandeln, einschließlich der physikalischen Geographie, ein Gebiet, auf dem er schon bald als anerkannte Autorität galt.

Es ist bis zu einem gewissen Grade Zufall, daß Kant Professor für Metaphysik und Logik statt für Mathematik oder Naturwissenschaft wurde. Ab diesem Zeitpunkt jedoch widmete sich Kant ganz der Philosophie und erprobte in seinen Vorlesungen jene Gedanken, die ihm, als er sie zehn Jahre später veröffentlichte, den Ruf einbrachten, die größte Koryphäe in Deutschland zu sein. Der Philosoph J. G. Hamann berichtet, daß man sich bereits um sechs Uhr morgens in Kants Vorlesungsraum einfinden mußte, eine Stunde bevor der Professor zu erscheinen pflegte, um noch einen Platz zu bekommen. Kants Schüler Jachmann schildert Kants Vorlesungsstil:

> Eine besondere Kunst bewies Kant bei der Aufstellung und Definition metaphysischer Begriffe dadurch, dass er vor seinen Zuhörern gleichsam Versuche anstellte, als wenn er selbst anfinge, über den Gegenstand nachzudenken, allmählich neue, bestimmende Begriffe hinzufügte, schon versuchte Erklärungen nach und nach verbesserte, endlich zum völligen Abschluss des vollkommen erschöpften und von allen Seiten beleuchteten Begriffes überging und so den streng aufmerksamen Zuhörer nicht allein mit dem Gegenstande bekannt machte, sondern ihn auch zum methodischen Denken anleitete.

In einem Brief Jachmanns an einen Freund heißt es über Kants Ethikvorlesung:

Hier war Kant nicht blos ein spekulativer Philosoph, hier war er auch geistvoller Redner, der Herz und Gefühl ebenso mit sich hinriss, wie er den Verstand befriedigte. Ja es gewährte ein himmlisches Entzücken, diese reine und erhabene Tugendlehre mit solcher kraftvollen, philosophischen Beredsamkeit aus dem Munde ihres Urhebers selbst anzuhören. Ach, wie oft rührte er uns bis zu Tränen, wie oft erschütterte er gewaltsam unser Herz, wie oft erhob er unseren Geist und unser Gefühl aus den Fesseln des selbstsüchtigen Eudaimonismus zu dem hohen Selbstbewusstsein der reinen Willensfreiheit, zum unbedingten Gehorsam gegen das Vernunftgesetz und zu dem Hochgefühl einer uneigennützigen Pflichterfüllung!

Jachmann übertreibt mehr als daß er irrt, und Kants Ruhm als Redner – im privaten ebenso wie im öffentlichen Bereich – verhalf ihm zu breitem Ansehen, als er seine großen Werke noch lange nicht veröffentlicht hatte.

Kants Privatleben ist oft parodierend mit der Mechanik eines Uhrwerks verglichen worden – übergenau, unnachsichtig belehrend und ausschließlich auf sich selbst bezogen. So heißt es (einer Bemerkung Heines zufolge), die Hausfrauen in Königsberg hätten nach seinem täglichen Spaziergang ihre Uhren gestellt; es heißt weiter (einer Bemerkung Kants zufolge), seine ständige Sorge um seine körperliche Verfassung habe eine krankhafte Hypochondrie erkennen lassen; und es heißt schließlich, die Nüchternheit von Haus und Einrichtung ließen auf eine Gleichgültigkeit gegenüber dem Schönen schließen, und hinter der Pünktlichkeit seiner Alltagsroutine verberge sich ein kaltes, ja sogar eiskaltes Herz.

Kants Leben war in der Tat in hohem Maße diszipliniert. Sein Diener hatte Anweisung, ihn jeden Morgen um fünf Uhr zu wekken und dabei keine Ausflüchte zu dulden. Bis um sieben arbeitete er im Morgenmantel und mit Nachtmütze an seinem Schreibtisch – und zog diese Kleidungsstücke auch wieder an, wenn er von seiner morgendlichen Vorlesung zurückkam. Er arbeitete bis um eins und nahm dann die einzige Mahlzeit des Tages zu sich, gefolgt von einem Spaziergang – ohne Rücksicht auf das Wetter. Dabei ging er stets allein, aus der exzentrischen Überzeugung heraus, daß eine Unterhaltung, weil sie dazu zwinge, durch den Mund zu atmen, niemals in freier Luft stattfinden dürfe. Lärm war ihm zuwider; zweimal zog er um, um den Geräuschen anderer Menschen auszuweichen. Entrüstet schrieb er sogar einmal einen Brief an den örtlichen Polizeichef und forderte ihn dazu auf, den Choralgesang der Insassen des benachbarten Gefängnisses zu verbieten, mit dem diese sich zu trösten versuchten. Seine Abneigung gegen alle Musik, die nicht Marschmusik war, war weithin bekannt, ebenso wie seine völlige Gleichgültigkeit gegenüber der darstellenden Kunst – er besaß lediglich einen einzigen Stich, ein Porträt Rousseaus, das ihm ein Freund geschenkt hatte.

Kant wußte um die Vorwürfe, die der Intellekt auf sich zieht. Und er benutzte gerade das Motiv des erwähnten Stiches zu seiner Verteidigung: Er hätte sich um ein Vielfaches nichtsnutziger gehalten denn ein gewöhnlicher Arbeiter, hätte nicht Rousseau ihn davon überzeugt, daß der Intellekt seinen Teil dazu beitragen könne, die Menschenrechte wiederherzustellen. Wie alle Menschen, die sich dem Denken verschrieben haben, brauchte auch Kant die Disziplin, die er sich auferlegt hatte. Weit davon entfernt, seine moralische Natur eng werden zu lassen, versetzte ihn die Alltagsroutine in die Lage, seine Begabung voll und ganz zu entfalten. Seiner Freude am Alleinsein entsprach eine ebenso ausgeprägte Freude an Geselligkeit. Er hatte gerne Gäste zu Mittag und lud sie am gleichen Morgen ein, damit sie nicht in die Verlegenheit gerieten, eine andere Einladung ausschlagen zu müssen, und er besorgte für jeden eine Flasche roten Bordeaux und ein frugales Mahl.

Er führte die Unterhaltung, zur Ergötzung und Belehrung seiner Gäste, bis um drei Uhr und war bemüht, die Mahlzeit in einem allgemeinen Gelächter enden zu lassen (weil er meinte, Lachen würde die Verdauung befördern, und weil er schlicht Gefallen daran fand). In Kants Schriften blitzen viele satirische Spitzen auf, und überhaupt war die Satire seine bevorzugte Lektüre. Der Ablehnung von Musik und Malerei steht seine Liebe zur Poesie gegenüber. Er führte das Leben eines Gelehrten, der fast den ganzen Tag am Schreibtisch sitzt, und er hielt diese Lebensart für unverzichtbar, um seinen Intellekt zu schulen. Herder, einer der bedeutendsten und leidenschaftlichsten Vertreter der Romantik, besuchte Kants Vorlesungen und gehörte später zu den vehementesten Kritikern der *Kritik der reinen Vernunft.* Doch ungeachtet dessen schätzte er Kant selbst sehr und charakterisierte ihn mit folgenden Worten:

„Ich habe das Glück genossen, einen Philosophen zu kennen, der mein Lehrer war. Er in seinen blühendsten Jahren hatte die fröhliche Munterkeit eines Jünglinges, die, wie ich glaube, ihn auch in sein greisestes Alter begleitet. Seine offene, zum Denken gebauete Stirne war ein Sitz unzerstörbarer Heiterkeit und Freude; die gedankenreichste Rede floß von seinen Lippen; Scherz und Witz und Laune standen ihm zu Gebot, und sein lehrender Vortrag war der unterhaltendste Umgang. Mit eben dem Geist, mit dem er Leibniz, Wolff, Baumgarten, Crusius, Hume prüfte und die Naturgesetze Keplers, Newtons, der Physiker verfolgte, nahm er auch die damals erscheinenden Schriften Rousseaus, seinen Emile und seine Heloise, sowie jede ihm bekannt gewordene Naturentdeckung auf, würdigte sie und kam immer zurück auf unbefangene Kenntnis der Natur und auf den moralischen Wert des Menschen. Menschen-, Völker-, Naturgeschichte, Naturlehre und Erfahrung waren die Quellen, aus denen er seinen Vortrag und Umgang belebte; nichts Wissenswürdiges war ihm gleichgültig; keine Kabale, keine Sekte, kein Vorurteil, kein Namensehrgeiz hatte je für ihn den mindesten Reiz gegen die Erweiterung und Aufhellung der Wahrheit. Er munterte auf und zwang angenehm zum Selbstdenken; Despotismus war seinem Gemüte fremd. Dieser Mann, den ich mit größter Dankbarkeit und Hochachtung meine, ist Immanuel

Kant: sein Bild steht angenehm vor mir." (*Briefe zur Beförderung der Humanität*, 79. Brief)

Als Universitätslehrer war Kant verpflichtet, alle Gebiete der Philosophie zu behandeln. Für mehrere Jahre wandte er sich hauptsächlich der Lehre zu und veröffentlichte lediglich kürzere Schriften. Sein größter Wurf – die *Kritik der reinen Vernunft* – war zugleich seine erste bedeutendere Publikation und erschien im Jahre 1781. Damals war Kant bereits 57 Jahre alt. An Moses Mendelssohn schrieb er über dieses Buch: „Das Product des Nachdenkens von einem Zeitraume von wenigstens zwölf Jahren hatte ich innerhalb etwa 4 bis 5 Monathen, gleichsam im Fluge, zwar mit der größten Aufmerksamkeit auf den Inhalt, aber mit weniger Fleiß auf den Vortrag und Beförderung der leichten Einsicht vor den Leser, zu Stande gebracht" (Briefe, 345). Um einige Schwierigkeiten zu beseitigen, die sich bei der Lektüre der *Kritik* einstellten, ließ er seine *Prolegomena zu einer jeden künftigen Metaphysik, die als Wissenschaft wird auftreten können* (1783) folgen. Darin verknüpfte er eine brillante Polemik mit einer schwer verständlichen Zusammenfassung derjenigen Passagen der *Kritik*, die den meisten Anstoß erregten. Für die zweite Auflage der *Kritik* im Jahre 1787 schrieb Kant die dunkelsten Abschnitte neu; da jedoch das Ergebnis nicht minder schwierig ausfiel, sind die Kommentatoren darin übereingekommen, die Undurchsichtigkeit des Kantischen Werkes weniger dem Stil als vielmehr dem Inhalt selbst anzulasten. Doch trotz seines hohen Schwierigkeitsgrades wurde das Buch schnell so berühmt, daß überall in der deutschsprachigen Welt die „kritische Philosophie" verfochten, gelehrt, attackiert und gelegentlich sogar der Zensur unterworfen und verfolgt wurde. Kants Selbstvertrauen wuchs, so daß er 1787 an K. L. Reinhold (der zur Verbreitung von Kants Gedanken viel beitrug) schrieb:

„Ich darf ohne mich des Eigendünkels schuldig zu machen, wohl versichern daß je länger ich auf meiner Bahn fortgehe desto unbesorgter ich werde es könne jemals ein Wiederspruch oder so gar Alliance (dergleichen jetzt nicht ungewöhnlich ist) meinem System erheblichen Abbruch thun." (Briefe, 514).

Der Einfluß von Kants erster *Kritik* findet sich treffend zusammengefaßt bei Madame de Staël, die dreißig Jahre nach dem Erscheinen der ersten Auflage in *Über Deutschland* schrieb:

„... als man aber endlich den Schatz von Ideen entdeckte, der darin enthalten war, verursachte es in Deutschland eine solche Sensation, daß alles, was seitdem im Fache der Literatur und der Philosophie zum Vorschein gekommen ist, von dem Anstoße herrührt, welchen jenes Werk gegeben hat."

Während der zwölf Jahre des Nachdenkens, auf die sich Kant in seinem Brief an Mendelssohn bezieht, veröffentlichte er nahezu gar nichts, und seine frühen („vor-kritischen") Schriften sind für den, der sich mit seiner reifen Philosophie auseinandersetzen will, von nur geringem Interesse. Doch nachdem die kritische Philosophie erstmals Gestalt angenommen hatte, fuhr Kant mit wachsendem Selbstvertrauen fort, sie konsequent auszubauen. Die *Kritik der reinen Vernunft* befaßte sich auf systematische Weise mit Metaphysik und Erkenntnistheorie; es folgten die *Kritik der praktischen Vernunft* (1788), die das Gebiet der Ethik behandelte, sowie die *Kritik der Urteilskraft* (1790), die sich vor allem mit der Ästhetik beschäftigte. Viele andere Schriften kamen dazu, so daß Kants gesammelte Werke in der sogenannten *Berliner Ausgabe* nunmehr 29 Bände umfassen. Von diesen anderen Werken werden uns zwei besonders interessieren: die bereits erwähnten *Prolegomena* sowie die *Grundlegung zur Metaphysik der Sitten,* die noch vor der zweiten *Kritik* im Jahre 1785 erschien und eine knappe und prägnante Darstellung der Kantischen Moraltheorie enthält.

Während der Regentschaft Friedrichs des Großen herrschte in Königsberg der Geist der Aufklärung, und Kant genoß die Wertschätzung der Minister Friedrichs, insbesondere des Kultusministers von Zedlitz, dem die *Kritik der reinen Vernunft* gewidmet ist. Ein deutlicher Wandel trat ein, als Friedrich Wilhelm II. den Thron bestieg. Sein Minister, Wöllner, übte großen Einfluß aus und suchte, nachdem er 1788 die Verantwortung für die Religionsangelegenheiten übernommen hatte, der religiösen Toleranz ein Ende zu bereiten. Kants *Religion innerhalb der Grenzen der bloßen Vernunft* wurde 1793 mit dem Imprimatur der Philosophischen Fakultät Jena und damit unter Umgehung der Zensur veröffentlicht. Wöllner schrieb daraufhin äußerst verärgert im Namen des Königs an Kant und forderte ihn zu einer Stellungnahme auf. Kant antwortete mit einer feierlichen Erklärung an seinen Souverän, daß er sich an einer öffentlichen Debatte um die Religion nicht beteiligen werde – weder durch Vorlesungen noch durch Veröffentlichungen. Mit dem Tod des Monarchen meinte Kant, von seinem Versprechen entbunden zu sein. Dennoch hinterließ dieser Konflikt bei ihm viel Schmerz und Bitternis. Denn Kant rühmte sich, ein loyaler Untertan zu sein – trotz aller republikanischen Sympathien, die er in Gegenwart eines Engländers einmal so vehement äußerte, daß sie ihm die Aufforderung zu einem Duell einbrachten. Daraufhin vertrat er seine Position so eloquent, daß er nicht nur das Duell ab-, sondern auch die Meinung dessen umzuwenden vermochte, der ihn dazu aufgefordert hatte. (Der fragliche Engländer, Joseph Green, war Kaufmann in Königsberg und wurde in der Folge zu Kants engstem Freund.)

Kant genoß die Gesellschaft von Frauen (vorausgesetzt, sie erhoben nicht den Anspruch, die *Kritik der reinen Vernunft* zu verstehen) und erwog zweimal zu heiraten. Doch in beiden Fällen zögerte er so lange, daß er schließlich ledig blieb. Eines Tages erschien sein betrunkener Diener in einem gelben Mantel zu Tisch. Kant fühlte sich dadurch peinlich berührt und wies ihn an, den Mantel abzulegen und ihn zu verkaufen, und gab ihm das Versprechen, den finanziellen Verlust auszugleichen. Zu seinem Erstaunen erfuhr er daraufhin, daß sein Diener nach einer ersten Ehe verwitwet war, nun erneut zu heiraten gedachte und zu diesem Anlaß den Mantel erworben hatte. Kant zeigte sich über diese Enthüllungen entsetzt und war noch lange nicht gut auf seinen Diener zu sprechen. Es hat den Anschein, als habe er sich von der Normalität der Ehe nicht überzeugen können – einer Insitution, die er einmal als eine Übereinkunft zweier Menschen zum wechselseitigen Gebrauch der Geschlechtsorgane beschrieb. Dennoch hatte Kant in seinen frühen *Beobachtungen über das Gefühl des Schönen und Erhabenen* (1764) beredt den Unterschied zwischen den Geschlechtern hervorgehoben. Er widersprach grundlegend der Auffassung, Mann und Frau hätten ein gemeinsames Wesen, das die Art ihres Verhältnisses zu bestimmen erlaube. Statt dessen schrieb er der Frau Liebreiz, Schönheit und Herzenswärme zu – Eigenschaften, die dem eher „erhabenen", „prinzipientreuen" und „praktischen" Geschlecht fremd seien, dem er angehörte. Diese Beschreibung der Frau paßt zu Kants Bemerkungen über die Schönheit der Natur. Es war vor allem diese Natur, die seine Gefühle hervorrief, und es waren schöne Orte in der Natur gewesen, zu denen ihn seine Mutter als Kind geführt hatte, um ihn für das empfänglich zu machen, was sie liebte. In seinen Äußerungen – sowohl über den weiblichen Liebreiz als auch über die Schönheit der Natur – lassen sich durchaus erotische Empfindungen aufspüren, die wohl, wären sie deutlicher zum Ausdruck gekommen, die strenge Routine durchbrochen hätten, der unsere Denkgeschichte so sehr verpflichtet ist.

Seine letzte Vorlesung hielt Kant im Jahre 1796. Zu dieser Zeit hatten seine Kräfte bereits abzunehmen begonnen, und eine düstere Melancholie trat an die Stelle seiner früheren Heiterkeit. Fichte beschrieb, daß er seine Vorlesung nahezu schlafend zu halten schien und nur gelegentlich daraus hochschreckte, um sich kaum an Thema und Gegenstand zu erinnern. Kurz vor seinem Tod verlor er seine geistige Klarheit, er erkannte alte Freunde nicht wieder und vermochte selbst einfache Sätze nicht mehr zu vollenden. Er verfiel bis zur Bewußtlosigkeit und verschied aus seinem untadeligen Leben am 12. Februar 1804, von seinen früheren geistigen Kräften im Stich gelassen. Dem Trauerzug folgten Menschen aus ganz Deutschland und nahezu die ganze Bevölkerung Königsbergs – war er doch trotz seiner Altersschwäche der ganze Stolz der Stadt. Sein Grab verfiel und wurde 1881 restauriert. 1924 wurden seine Gebeine in eine prächtige neoklassizistische Grabkapelle an der Seite des Domes umgebettet. Im Jahr 1950 brachen unbekannte Wandalen den Sarkophag auf und raubten ihn aus. Zu dieser Zeit hatte Königsberg bereits aufgehört, ein Zentrum der Gelehrsamkeit zu sein. Die Stadt gehörte nun zur Sowjetunion und war zu Ehren eines der wenigen Gefolgsleute Stalins, die eines natürlichen Todes gestorben waren, umbenannt worden. An der Mauer des Schlosses befindet sich eine bronzene Tafel, auf der die Worte aus dem Beschluß der *Kritik der praktischen Vernunft* stehen:

> „Zwei Dinge erfüllen das Gemüt mit immer neuer und zunehmender Bewunderung und Ehrfurcht, je öfter und anhaltender sich das Nachdenken damit beschäftigt: *Der bestirnte Himmel über mir und das moralische Gesetz in mir.*“

So wurden die Einwohner von Kaliningrad auch in schlechten Zeiten an zwei Dinge erinnert, aus denen sie Kraft schöpfen konnten.

2. Der Hintergrund des Kantischen Denkens

Die *Kritik der reinen Vernunft* ist das bedeutendste philosophische Werk der neueren Zeit; es ist zugleich eines der schwierigsten. Es wirft derartig neue und komplexe Fragen auf, daß Kant es für notwendig hielt, eigene Fachbegriffe einzuführen, um sie angemessen bearbeiten zu können. Diese Begriffe weisen eine eigentümliche Schönheit und Faszination auf, und eine vollständige Würdigung des Kantischen Werkes ist unmöglich, ohne die Ordnung und den Zusammenhang zu erfassen, die seine Begrifflichkeit den traditionellen Problemen der Philosophie auferlegt. Dennoch läßt sich das Wesentliche des Kantischen Denkens mit einfacheren Worten ausdrücken, und im folgenden werde ich versuchen, seine Fachterminologie soweit als möglich zu ersetzen. Diese Aufgabe ist nicht einfach, denn über ihre Auslegung herrscht keine Einigkeit. Zwar haben alle, die sich zu Kant geäußert haben, ein gemeinsames „Bild" seines Systems vor Augen, doch die Stichhaltigkeit und sogar der Inhalt seiner einzelnen Thesen sind umstritten. Ein Kommentator, der klare Prämissen und ebenso klare Schlußfolgerungen vorlegt, wird sich unweigerlich den Vorwurf einhandeln, Kant mißverstanden zu haben. Der einzige Weg, um eine solche Kritik von vornherein zu vermeiden, besteht darin, die sprachlichen Eigenheiten des Originals zu übernehmen. In den vergangenen Jahren ist es etwas einfacher geworden, diese Kritik in Kauf zu nehmen, denn zeitgenössische Kantforscher – besonders in Großbritannien und in Amerika – neigen zu der Ansicht, daß die hohe Unverständlichkeit vieler Studien über Kant ein Ergebnis ihres begrifflichen Durcheinanders ist. Um dieses Durcheinander nicht

Kant selbst zuschreiben zu müssen, geben sie sich alle Mühe, der ersten *Kritik* eine Interpretation zu entlocken oder ihr zumindest überzustülpen, die sie verständlich erscheinen läßt. Ich werde versuchen, dasselbe zu tun, und dabei jenen Arbeiten mehr verdanken, als ich im einzelnen anzugeben vermag.

Das erste Problem, vor das sich eine Interpretation der *Kritik der reinen Vernunft* gestellt sieht, lautet folgendermaßen: Welches sind die Fragen, die sie zu beantworten hofft? Im Vorwort zur ersten Auflage schreibt Kant:

> „In dieser Beschäftigung habe ich Ausführlichkeit mein großes Augenmerk sein lassen und ich erkühne mich zu sagen, daß nicht eine einzige metaphysische Aufgabe sein müsse, die hier nicht aufgelöst, oder zu deren Auflösung nicht wenigstens der Schlüssel dargereicht worden." (A XIII)

Obgleich darin wenn nicht die Leistung, so doch der Anspruch der ersten *Kritik* zum Ausdruck kommt, war Kant in Wahrheit an sehr viel spezielleren Fragen interessiert. Wenn wir uns der Vorgeschichte des Kantischen Denkens zuwenden, können wir aus den philosophischen Kontroversen, die ihn beeinflußt haben, einige Hauptpunkte herausheben. Eine besondere Rolle spielt dabei das Problem des objektiven Wissens, wie es Descartes formuliert hat. Ich kann viel über mich selbst wissen, und dieses Wissen hat oftmals den Charakter der Gewißheit. Vor allem ist es Descartes zufolge sinnlos zu bezweifeln, daß ich existiere. Hier bestätigt der Zweifel nur das Bezweifelte. *Cogito ergo sum.* Zumindest in diesem Fall habe ich ein objektives Wissen. Die Tatsache, daß ich existiere, ist eine objektive Tatsache; es ist eine Tatsache der Welt und nicht lediglich der Wahrnehmung. Was auch immer zur Welt gehört, das denkende Wesen, das ich bin, gehört auf jeden Fall zu ihr. Kants Zeitgenosse Lichtenberg wies darauf hin, daß Descartes zu dieser Schlußfolgerung nicht berechtigt war. Das „cogito" zeigt zwar, daß es einen Gedanken gibt, nicht aber, daß es ein „Ich" gibt, das ihn denkt. Auch Kant hatte Vorbehalte gegenüber der These Descartes' und der sich daraus ergebenden Seelenlehre. Die Gewißheit des Selbstbewußtseins sei auf diese Weise falsch beschrieben. Es stimmt, daß ich, wie sehr ich die Welt auch bezweifeln mag, diesen Zweifel nicht in den subjektiven Bereich (den Bereich des Bewußtseins) hinein ausweiten kann: Deshalb kann ich mir meiner momentanen Bewußtseinsinhalte unmittelbar gewiß sein. Aber ich kann mir nicht unmittelbar dessen gewiß sein, was ich bin, oder ob es tatsächlich ein „Ich" gibt, dem diese Bewußtseinszustände zuzurechnen sind. Diese weitergehenden Behauptungen bedürften einer zureichenden Begründung, und die sei bisher nicht gefunden worden.

Welcher Art ist dieses unmittelbare und gewisse Wissen? Das entscheidende Charakteristikum meiner aktuellen Bewußtseinszustände ist, daß sie sind, wie sie mir erscheinen, und erscheinen, wie sie sind. Im Bereich des Subjektiven fallen Sein und Erscheinung zusammen. Im Bereich des Objektiven hingegen treten sie auseinander. Die Welt ist objektiv, weil sie anders sein kann, als sie mir erscheint. Daher lautet die eigentliche Frage hinsichtlich des objektiven Wissens: Wie kann ich die Welt so erkennen, wie sie ist? Ich kann eine Erkenntnis der Welt haben, wie sie *erscheint*, da es sich lediglich um eine Erkenntnis meiner gegenwärtigen Wahrnehmungen, Erinnerungen, Gedanken und Empfindungen handelt. Aber kann ich eine Erkenntnis der Welt haben, die *nicht* lediglich eine Erkenntnis dessen ist, wie sie erscheint? Um die Frage etwas allgemeiner zu formulieren: Kann ich zu einem Wissen um die Welt kommen, das nicht lediglich ein standpunktgebundenes Wissen ist? Wissenschaft, gesunder Menschenverstand, Theologie und eigene Lebensführung setzen die Möglichkeit objektiven Wissens voraus. Wenn sich diese Voraussetzung nicht halten läßt, hat das Folgen für alles, von dem wir gemeinhin überzeugt sind.

Unter Kants Vorgängern haben besonders zwei Philosophen Antworten auf das Objektivitätsproblem gegeben, die von solcher Tragweite waren, daß sie die Aufmerksamkeit der Geisteswelt auf sich zogen. Dabei handelt es sich um G. W. Leibniz (1646–1716) und David Hume (1711–1776). Ersterer vertrat die Auffassung, wir könnten ein objektives Wissen um die Welt haben, das gänzlich unabhängig vom Standpunkt irgendeines Beobachters ist; letzterer hingegen meinte (zumindest schien es seinen Zeitgenossen so), daß wir überhaupt kein objektives Wissen erlangen könnten.

Leibniz war der Gründungsvater der preußischen akademischen Philosophie. Sein Denken, das er der Nachwelt in der Gestalt kurzer und unveröffentlichter Fragmente hinterließ, wurde von Christian Wolff (1679–1754) zu einem System zusammengefaßt und von dessen Schüler, dem ehemaligen Pietisten A. G. Baumgarten (1714–1762), ausgebaut und umgesetzt. Während der Jugendzeit Kants hatte das Leibnizsche System mit der staatlichen Zensur zu kämpfen, da es für die Vernunft Ansprüche reklamierte, die den Glauben zu bedrohen schienen. Gegen Wolff bestand sogar eine Zeitlang ein Lehrverbot. Doch unter Friedrich dem Großen stieß sein System wieder auf Wohlwollen und entwickelte sich zur vorherrschenden Metaphysik der deutschen Aufklärung. Kant sah sich dieser Tradition verpflichtet und zitierte bis zum Schluß Baumgartens Werke in seinen Vorlesungen. Dennoch machte Humes Skeptizismus einen tiefen Eindruck auf ihn; er warf neue Probleme auf, zu deren Lösung Kant eine Überwindung des Leibnizschen Systems für unverzichtbar hielt. Diese Probleme betrafen Fragen der Kausalität und der apriorischen Erkenntnis (d. h. einer Erkenntnis, die nicht aus der Erfahrung stammt) und bildeten zusammen mit der Objektivitätsfrage den eigentümlichen thematischen Horizont der ersten *Kritik*.

Leibniz gehörte jener Denkrichtung an, die heute im allgemeinen „rationalistisch" genannt wird, Hume hingegen der Richtung des „Empirismus", die für gewöhnlich als ihr Gegenstück gilt. Kant war davon überzeugt, daß beide Philosophien in ihren Schlußfolgerungen irrten, und versuchte eine philosophische Methode zu entwickeln, die die Einsichten beider aufnahm, aber ihre Fehler vermied. Der Rationalismus etwa führte alle Erkenntnis auf die

Tätigkeit des Verstandes zurück und zielte auf eine umfassende Beschreibung der Welt unabhängig von der Erfahrung. Der Empirismus hingegen vertrat die Ansicht, daß die Erkenntnis allein aus der Erfahrung stamme; es gebe daher keine Möglichkeit, sie von der subjektiven Verfassung des Erkennenden abzulösen. Kant wollte nun eine Antwort auf die Frage nach dem objektiven Wissen geben, die weder so absolut war wie die von Leibniz noch so subjektiv wie die von Hume. Der beste Weg, diese Antwort verständlich zu machen, besteht deshalb darin, mit einer Skizze jener beiden Ansätze zu beginnen, die er zu widerlegen suchte.

Leibniz war der Meinung, daß der Verstand in sich selbst bestimmte angeborene Prinzipien enthält, von denen er intuitiv weiß, daß sie wahr sind. Bei ihnen handelt es sich um die Axiome, aus denen sich eine komplette Beschreibung der Welt ableiten läßt. Diese Prinzipien sind notwendig wahr und bedürfen zu ihrer Bestätigung keiner Erfahrung. Daher führen sie zu einer Beschreibung der Welt, wie sie ist, und nicht, wie sie in der Erfahrung oder aus einer bestimmten „Perspektive" heraus erscheint. Gleichzeitig lassen sich diese „Perspektiven", die für einzelne Menschen kennzeichnend sind, in das rational-vernünftige Weltbild einfügen. Leibniz unterschied im Denken zwischen Subjekt und Prädikat (im Satz „Johannes denkt" ist „Johannes" der Subjektbegriff und „denkt" der Prädikatbegriff). Er war davon überzeugt, daß dieser Differenz in der Wirklichkeit eine Unterscheidung zwischen Substanz und Eigenschaft entspricht. Die grundlegenden Gegenstände in der Welt sind Substanzen. Diese, meinte er, müssen selbständig sein, anders als die Eigenschaften, die ihnen anhaften. Ein Beispiel: Eine Substanz kann ohne Denken existieren, aber es kann kein Denken ohne Substanz existieren. Als selbständige Größen sind Substanzen auch unzerstörbar, es sei denn durch ein Wunder. Er nannte sie „Monaden". Als Modell diente ihm dabei die Einzelseele, die denkende Substanz, wie Descartes sie beschrieben hatte. Aus dieser Idee entwickelte er sein „perspektivenloses" Weltbild. Dabei stützte er sich auf zwei grundlegende Vernunftgesetze: den

Satz vom Widerspruch (eine Behauptung und ihre Verneinung können nicht beide zugleich wahr sein) und den Satz vom zureichenden Grund (nichts ist wahr, was nicht eine zureichende Erklärung aufweist). Mit Hilfe glänzender und subtiler Argumente und unter Beschränkung auf möglichst wenig Voraussetzungen kam er zu folgenden Ergebnissen.

Die Welt besteht aus unendlich vielen einzelnen Monaden, die nicht in Raum oder Zeit existieren, sondern ewig sind. Jede Monade unterscheidet sich in einer gewissen Weise von jeder anderen. Ohne diese Annahme könnten Gegenstände nicht durch ihre wesenhaften Eigenschaften voneinander unterschieden werden; es wäre dann eine bestimmte Perspektive nötig, um Dinge auseinanderzuhalten. Leibniz' Behauptung lautet jedoch, daß die wirkliche Beschaffenheit der Welt nicht von einer Perspektive aus erfaßt werden kann. Die Perspektive einer jeden Monade ist einfach eine Weise, ihre innere Beschaffenheit darzustellen; sie stellt nicht die Welt dar, wie sie ist. Jede Monade spiegelt aus ihrer eigenen Perspektive heraus das Universum, doch keine Monade kann mit irgendeiner anderen in eine reale Beziehung treten, sei diese kausal oder anders verfaßt. Selbst Raum und Zeit sind geistige Konstrukte, mit deren Hilfe wir uns unsere Erfahrung verständlich machen, die aber nicht zur Welt an sich gehören. Gleichwohl entsprechen, dem Prinzip der „prästabilierten Harmonie" zufolge, die aufeinanderfolgenden Eigenschaften einer jeden Monade den aufeinanderfolgenden Eigenschaften einer jeden anderen. Deshalb können wir unsere aufeinanderfolgenden Bewußtseinszustände als „Perzeptionen" beschreiben, und die Welt „erscheint" jeder Monade auf eine Weise, die ihrer Erscheinung jeder anderen Monade entspricht. Es gibt einen Zusammenhang unter den Erscheinungen, und innerhalb dieses Zusammenhangs ist es sinnvoll, von räumlichen, zeitlichen und kausalen Relationen zu sprechen, von zerstörbaren Individuen und dynamischen Prinzipien, von Wahrnehmung, Aktivität und Einfluß. Diese Ideen und die physikalischen Gesetze, die wir daraus ableiten, sind in ihrer Geltung abhängig von der zugrundeliegenden Harmonie zwischen den jeweiligen Perspektiven, aus denen heraus sie beschrieben werden. Sie ergeben kein Wissen von der wirklichen Welt der Monaden, es sei denn indirekt, aufgrund unserer Zuversicht, daß die Art, wie die Dinge erscheinen, metaphysische Spuren aufweisen, die darauf hindeuten. Wenn zwei Uhren exakt im Einklang stehen, könnte ich versucht sein anzunehmen, daß die eine auf die andere einwirkt. Dies ist ein Beispiel für eine nur scheinbare Beziehung. Auf solche Weise behauptet Leibniz, daß die ganze Welt unserer alltäglichen Überzeugung und Wahrnehmung nicht mehr ist als eine Erscheinung oder ein „Phänomen". Aber sie ist, Leibniz zufolge, ein „wohlbegründetes" Phänomen. Sie ist kein Schein, sondern eine notwendige und systematische Folge aus der Anwendung jener vernünftigen Prinzipien, die bestimmen, wie die Dinge wirklich sind. Die realen Substanzen weisen, da sie aus keiner Perspektive heraus beschrieben und identifiziert werden, keinerlei phänomenale Charakteristika auf. Die Wirklichkeit selbst ist nur dem Verstand zugänglich, da nur er sich über die individuelle Perspektive erheben und der Schau der letzten Notwendigkeiten teilhaftig werden kann, die zugleich die Sichtweise Gottes ist. Aus diesem Grund muß der Verstand mit „angeborenen" Ideen arbeiten. Dabei handelt es sich um Ideen, die aus keiner Erfahrung gewonnen und allen denkenden Wesen zu eigen sind. Sie verdanken ihren Inhalt nicht der Erfahrung, sondern den intuitiven Fähigkeiten des Verstandes. Zu diesen Ideen zählt die Idee der Substanz, aus der sich letztlich alle Leibnizschen Prinzipien herleiten.

Humes Sicht der Dinge stellt in gewisser Hinsicht das Gegenteil zu Leibniz' Auffassung dar. Er bestreitet die Möglichkeit einer ursprünglichen Verstandeserkenntnis, da der Verstand nicht ohne Ideen arbeiten kann und die Ideen als Vorstellungen sich ausschließlich den Sinnen verdanken. Der Inhalt eines jeden Gedankens muß sich letztlich auf Erfahrungen zurückführen lassen, die ihn verbürgen. Keine Überzeugung läßt sich ohne Bezug auf die „Sinneseindrücke" als wahr erweisen; sie erst begründen deren

Geltung. (Das ist die allgemeine Annahme des Empirismus.) Die einzige Erfahrung aber, die *mir* etwas als sicher bestätigen kann, ist *meine* Erfahrung. Die Bezeugung durch andere oder durch Aufzeichnungen, die Formulierung von Gesetzen oder Hypothesen, die Berufung auf Erinnerung und Induktion – alles das ist hinsichtlich seiner Geltung abhängig von entsprechenden Erfahrungen. Meine Erfahrungen sind, wie sie erscheinen, und erscheinen, wie sie sind, denn „erscheinen" ist hier alles, was es gibt. Daher gibt es auch kein Problem, wie ich sie erkennen kann. Aber in seiner Rückführung aller Erkenntnis auf die Erfahrung reduziert Hume meine Erkenntnis der Welt auf eine bloße subjektive Erkenntnis durch meine Perspektive. Alle Ansprüche auf Objektivität erweisen sich als unberechtigt und trügerisch. Wenn ich behaupte, Gegenstände zu erkennen, die außerhalb meiner Wahrnehmungen existieren, ist alles, was ich wirklich meinen kann, daß diese Wahrnehmungen einen Grad von Unveränderlichkeit und Stimmigkeit aufweisen, die zu der trügerischen Annahme von Unabhängigkeit verleiten. Wenn ich mich auf kausale Notwendigkeiten beziehe, so handelt es sich besser gesagt um eine geregelte Abfolge von Erfahrungen, zusammen mit einem subjektiven Gefühl der Erwartung, das sich daraus ergibt. Was den Verstand betrifft, kann dieser uns etwas über den „Zusammenhang von Ideen" sagen: Beispielsweise beinhaltet die Idee der Form die Idee des Raums, und die Idee eines Junggesellen ist identisch mit der eines unverheirateten Mannes. Aber er kann weder aus sich selbst heraus Ideen erzeugen noch entscheiden, ob einer Idee ein Anwendungsfall entspricht. Der Verstand ist lediglich die Quelle jenes belanglosen Wissens, das sich aus den Bedeutungen von Worten ergibt; er kann nie zu einem Wissen um Tatsachen führen. Hume trieb seinen Skeptizismus so weit, daß er sogar die Existenz des Selbst in Zweifel zog (für Leibniz war das Selbst noch das Modell für die Monade). Dabei berief er sich darauf, daß es weder einen wahrnehmbaren Gegenstand gibt, auf den sich der Name „Selbst" bezieht, noch irgendeine Erfahrung, die die Bildung dieser Idee veranlaßt.

Ein solch grundlegender Skeptizismus ist schwerlich hinzunehmen, und es verwundert nicht, daß Hume Kant aus seinem – wie er es nennt – „dogmatischen Schlummer" (PM 13) riß. Die Teile der Humeschen Philosophie, die ihn am meisten beunruhigten, betrafen den Kausalitätsbegriff. Hume vertrat die Auffassung, daß sich die Rede von Naturnotwendigkeiten nicht begründen läßt; Notwendigkeit findet sich allein im Denken und spiegelt dort lediglich den „Zusammenhang der Ideen". Kant erkannte nun aber, daß die Naturwissenschaften auf die Voraussetzung realer Notwendigkeiten angewiesen sind. Damit erwies sich der Humesche Skeptizismus nicht nur als akademische Spielerei, sondern drohte die Grundlagen des wissenschaftlichen Denkens zu zerstören. Kant setzte sich zwar ständig mit Leibniz und dem Leibnizschen System auseinander, doch letztlich war es die Einsicht, daß das Objektivitäts- und das Kausalitätsproblem miteinander zusammenhängen, die ihm den Ausblick auf die *Kritik der reinen Vernunft* eröffnete. Erst als er zeigen wollte, was ihm an Hume problematisch erschien, erkannte er auch, was ihm bei Leibniz fraglich wurde. Dabei kam er zu folgender Überlegung.

Weder die Sinnlichkeit noch der Verstand allein können zur Erkenntnis führen. Die erstere vermittelt Inhalt ohne Form, der letztere Form ohne Inhalt. Nur in ihrem Zusammenspiel ist Erkenntnis möglich; daher gibt es keine Erkenntnis, die nicht gleichermaßen die Spuren des Verstandes und der Sinnlichkeit an sich trägt. Gleichwohl ist eine solche Erkenntnis gültig und objektiv. Sie geht über den jeweiligen Blickwinkel des Erkennenden hinaus und stellt begründete Behauptungen über eine unabhängige Wirklichkeit auf. Dennoch ist es unmöglich, die Welt „an sich" zu erkennen, unabhängig von aller Perspektivität. Eine derartig absolute Auffassung des Erkenntnisgegenstandes ist sinnlos, behauptet Kant; denn er läßt sich nur mit Hilfe von Begriffen denken, denen alle Bedeutungskomponenten entzogen worden sind. Auch wenn ich die Wirklichkeit so erkennen kann, wie sie unabhängig von meiner Perspektive ist, trägt das, was ich erkenne (die Welt der „Erscheinung"), die unauslöschlichen Spuren dieser Perspektive. Die Gegenstände sind in ihrer Existenz nicht davon abhängig, daß ich sie wahrnehme; aber sie sind wesenhaft dadurch gekennzeichnet, daß sie wahrgenommen werden *können*. Sie stellen keine Leibnizschen Monaden dar, die allein in der perspektivenfreien Sphäre der „reinen Vernunft" erkennbar sind; es handelt sich bei ihnen aber auch nicht um Humesche „Eindrücke", um charakteristische Merkmale meiner eigenen Erfahrung. Sie sind objektiv und doch in ihrer Eigenart durch die Perspektive bestimmt, aus der heraus sie erkannt werden können. Dabei handelt es sich um die Perspektive einer „möglichen Erfahrung". Kant versucht zu zeigen, daß Erfahrung, recht verstanden, bereits jenen objektiven Bezug aufweist, den Hume bestritt. Die Erfahrung beinhaltet *in* sich selbst die Merkmale von Raum, Zeit und Kausalität. Daher beziehe ich mich, wenn ich meine Erfahrung beschreibe, auf eine geordnete Sichtweise einer unabhängigen Wirklichkeit.

In der Darstellung dieses neuen Ansatzes (den er als „transzendentalen Idealismus" bezeichnete) begann Kant mit einer Untersuchung der apriorischen Erkenntnis. Unter den wahren Behauptungen finden sich einige, die wahr sind unabhängig von aller Erfahrung und wahr bleiben, unabhängig davon, wie sich die Erfahrung ändert; dies sind die apriorischen Wahrheiten. Andere verdanken ihre Wahrheit der Erfahrung und wären falsch gewesen, wenn die Erfahrung anders gewesen wäre; dies sind die aposteriorischen Wahrheiten. (Diese Begrifflichkeit stammt zwar nicht von Kant, ihre Bekanntheit geht aber auf seinen häufigen Gebrauch zurück.) Kant behauptet nun, daß es zwei Arten apriorischer Wahrheiten gibt, die er „analytisch" und „synthetisch" nennt (A 6–10). Eine analytische Wahrheit stellt etwa der Satz „Alle Junggesellen sind unverheiratet" dar; ihre Wahrheit hängt von der Bedeutung der verwendeten Ausdrücke ab und läßt sich durch deren Analyse feststellen. Eine synthetische Wahrheit läßt sich nicht auf diese Weise gewinnen, sondern fügt – wie Kant es ausdrückt – im Prädikat etwas hinzu, was im Subjekt nicht schon enthalten ist. Es handelt sich um einen Satz wie etwa „Alle Junggesellen sind unausgefüllt", der (angenommen, er wäre wahr) etwas Bedeutendes über Junggesellen aussagt und nicht lediglich die Definition des Ausdrucks wiederholt, mit dem man sie benennt. Die Unterscheidung zwischen analytisch und synthetisch ist neu, auch wenn sich ähnliche Unterscheidungen bei früheren Philosophen finden lassen. Thomas von Aquin etwa definiert in Anlehnung an Boethius eine „selbst-evidente Aussage" als ein solche, bei der das „Prädikat im Begriff des Subjekts enthalten ist". Eine ähnliche Idee findet sich bei Leibniz. Neu jedoch ist Kants Behauptung, daß die beiden Unterscheidungen (zwischen apriori und aposteriori auf der einen sowie zwischen analytisch und synthetisch auf der anderen Seite) von gänzlich unterschiedlicher Art sind. Bei der Auffassung, daß sie zusammenfallen müssen, handelt es sich lediglich um ein Dogma der Empiristen. Entsprechend gilt es für den Empirismus als ausgemacht, daß es keine synthetische Erkenntnis a priori geben kann: Synthetische Wahrheiten lassen sich ausschließlich aus der Erfahrung gewinnen.

Die empiristische Auffassung wurde in unserer Zeit von den Logischen Positivisten des „Wiener Kreises" vertreten. Sie behaupteten, alle apriorischen Wahrheiten seien analytisch, und zogen daraus den Schluß, daß jedwede metaphysische Aussage sinnlos sein müsse, da sie weder analytisch noch aposteriorisch sein könne. Es war Kant bereits bekannt, daß der Empirismus die Möglichkeit von Metaphysik bestreitet. Und doch ist die Metaphysik notwendig, wenn es darum geht, Grundlagen für objektive Erkenntnis bereitzustellen; ohne sie gibt es keinen denkbaren Halt gegen den Skeptizismus Humes. Damit lautet die erste Frage aller Philosophie: „Wie ist synthetische Erkenntnis a priori möglich?", oder mit anderen Worten: „Wie kann ich Erkenntnis von der Wirklichkeit erlangen allein durch Reflexion, ohne Rückgang auf Erfahrung?" Kant meinte, es könne keine Erklärung apriorischer Erkenntnis geben, die das erkannte Objekt von der Perspektive des Erkennenden abtrennt. Daher war er skeptisch gegenüber allen

Versuchen, uns die Möglichkeit apriorischer Erkenntnis einer raum- und zeitlosen Welt des „Dings an sich“ (eines Objekts, das ohne Bezug auf die „mögliche Erfahrung“ eines Beobachters zu bestimmen wäre) zuzuschreiben. Apriorische Erkenntnis gibt es für mich nur von der Welt, die ich erfahre. Apriorische Erkenntnis trägt zur Förderung der empirischen Forschung bei, bezieht aber zugleich ihren Inhalt von ihr. Kants *Kritik* ist gegen die Annahme gerichtet, eine „reine Vernunft“ könne der Erkenntnis Inhalt gewähren, ohne auf Erfahrung Bezug zu nehmen.

Alle apriorischen Wahrheiten sind sowohl notwendig als auch streng allgemein. Dies sind die beiden Kennzeichen, mit deren Hilfe es uns möglich ist, aus unseren Erkenntnissen diejenigen herauszufiltern, die, wenn überhaupt, a priori wahr sind. Denn es ist offensichtlich, daß die Erfahrung einer Erkenntnis niemals Notwendigkeit oder strenge Allgemeinheit verleihen kann. Jede Erfahrung *hätte* anders sein können, und sie ist notwendigerweise endlich und beschränkt; ein allgemeines Gesetz (mit unbestimmt vielen Anwendungsfällen) könnte von ihr daher niemals wirklich bestätigt werden. Niemand dürfte ernsthaft bezweifeln, daß es synthetische Erkenntnis a priori gibt: Kant führt als deutlichstes Beispiel die Mathematik an, die uns durch reines Nachdenken zu Erkenntnissen führt, ohne dabei nur die Bedeutung mathematischer Ausdrücke zu analysieren. Es muß daher eine philosophische Erklärung dieser apriorischen Beschaffenheit der Mathematik geben, und in seinen Einleitungsabschnitten der *Kritik* versucht Kant sie auch zu liefern. Doch er führt auch andere Beispiele an, die sehr viel verwirrender sind. So scheinen beispielsweise die folgenden Aussagen apriorisch wahr zu sein: „Jedes Ereignis hat eine Ursache“; „Die Welt besteht aus dauerhaften Gegenständen, die unabhängig von mir existieren“; „Alle beobachtbaren Gegenstände befinden sich in Raum und Zeit“. Diese Sätze lassen sich nicht durch Erfahrung begründen, denn ihre Wahrheit ist für die Deutung von Erfahrung bereits vorausgesetzt. Darüber hinaus erheben sie den Anspruch, wahr zu sein, und zwar nicht nur zu dieser oder jener

Gelegenheit, sondern allgemein und notwendigerweise. Schließlich sind es gerade diese Wahrheiten, die für den Nachweis von Objektivität gebraucht werden. Daraus ergibt sich, daß das Objektivitätsproblem mit dem Problem der synthetischen Erkenntnis a priori letzten Endes zusammenhängt. Mehr noch: Die bedeutende Rolle, die die oben angeführten Wahrheiten bei jeder wissenschaftlichen Erklärung spielen, überzeugte Kant davon, daß eine Theorie der Objektivität auch das Problem der Naturnotwendigkeit klären würde. Sie würde damit eine vollständige Antwort auf den Humeschen Skeptizismus liefern.

Wie lauten also Kants Ziele in der ersten *Kritik?* Zunächst: gegen Hume zu zeigen, daß synthetische Erkenntnis a priori möglich ist, und dafür Beispiele zu liefern. Zweitens: gegen Leibniz aufzuweisen, daß die „reine Vernunft" allein, wenn sie sich außerhalb der Grenzen der Erfahrung bewegt, nur in Schein mündet, daß es also keine apriorische Erkenntnis der „Dinge an sich" gibt. Für gewöhnlich wird die *Kritik*, im Anschluß an diese Auffächerung des Themas, in zwei Hälften eingeteilt: Dabei wird der erste Teil als die „Analytik", der zweite als die „Dialektik" bezeichnet. Obgleich diese Einleitung nicht genau der Gliederung Kants entspricht (die äußerst kompliziert und von vielen verzweigten Einzelfragen geprägt ist), kommt sie dieser doch nah genug, um nicht in Mißverständnisse zu führen. Die Begriffe „Analytik" und „Dialektik" stammen von Kant und ebenso die Auffächerung des Gedankengangs. Im ersten Teil wird seine Verteidigung der Objektivität entfaltet. Mit dieser Argumentation der „Analytik" werde ich beginnen, denn ohne sie begriffen zu haben, ist es nicht möglich, die Eigenart der Kantischen Metaphysik zu verstehen, und auch für Kants spätere Theorien der Ethik und der Ästhetik werden hier wichtige Grundlagen geschaffen.

3. Die transzendentale Deduktion

Kants Antwort auf die grundlegende Frage der Metaphysik – „Wie ist synthetische Erkenntnis a priori möglich?" – besteht aus zwei Teilen. Ich werde sie im Anschluß an Kants eigene Terminologie (A XVI) die „subjektive" und die „objektive" Deduktion nennen. Die erste findet sich in Ansätzen bereits in Kants Inauguraldissertation von 1770 und besteht aus einer Theorie der Erkenntnis. Sie versucht aufzuzeigen, was alles dazugehört, ein Urteil zu bilden – etwas für wahr oder falsch zu halten. Ihr Augenmerk gilt der Beschaffenheit der Vernunft, insbesondere der Beschaffenheit des Denkens, der Sinnlichkeit und der Erfahrung. Die Ergebnisse werden als Bestandteil einer allgemeinen Theorie des „Verstandes" (der Fähigkeit zu urteilen) dargestellt. Kant betont mehrfach, daß diese Theorie nicht als empirische Psychologie angelegt ist. Es handelt sich nicht – weder beabsichtigt noch tatsächlich – um eine Theorie, was die *menschliche* im Unterschied zu irgendeiner anderen Intelligenz zu leisten vermag. Es ist eine Theorie des Verstandes als solchem, die uns darüber aufklärt, was er ist und wie er funktionieren muß, wenn es überhaupt Urteile geben soll. In allen derartigen philosophischen Debatten reden wir, so Kant, „nicht von dem Entstehen der Erfahrung ... sondern von dem, was in ihr liegt" (PM 304). Und er vergleicht solche rein philosophischen Fragen mit jener „Begriffsanalyse", die seitdem so in Mode gekommen ist. Kant will die Grenzen des Verstandes aufweisen. Wenn es Dinge gibt, die sich mit Hilfe des Verstandes nicht erfassen lassen, dann sind alle Äußerungen über sie sinnlos.

Die objektive Deduktion besteht dagegen in einem konstruktiven Anlauf, den Umfang des apriorischen Wissens zu bestimmen. Der Gedankengang zielt hier nicht auf eine Analyse des Erkenntnisvermögens, sondern auf eine Untersuchung ihrer Grundlagen. Welches sind die Voraussetzungen der Erfahrung? Was muß selbst für den Fall wahr sein, daß wir nur jenen bloßen Blickwinkel haben, den uns der Skeptiker zuschreiben will? Wenn wir diese Voraussetzungen klären können, werden sie zugleich a priori als wahr gelten. Denn ihre Wahrheit ergibt sich nicht daraus, daß wir diese oder jene Erfahrung machen, sondern aus dem Umstand, daß wir *überhaupt* eine Erfahrung machen. Daher bedürfen die Bedingungen der Möglichkeit von Erfahrung zu ihrer Verifikation keiner besonderen Erfahrung und lassen sich aus der Vernunft allein begründen. Sie werden unter allen Umständen und in jeder Welt wahr sein (vorausgesetzt, sie ist verständlich), in der sich die skeptische Frage formulieren läßt. Und das läuft darauf hinaus, daß sie notwendig sind. Ich kann mir ihre Falschheit nicht vorstellen, denn ich kann *mich selbst* nicht als Teil einer Welt vorstellen, in der sie nicht gelten.

Kant nennt diese Argumentationsfigur die „transzendentale Deduktion" und die daraus resultierende Theorie „transzendentalen Idealismus". Der Ausdruck „transzendental" bedarf einiger Erläuterungen. Ein Gedanke ist transzendental, wenn er die Grenzen empirischer Untersuchung „transzendiert", um die Bedingungen der Möglichkeit von Erfahrung zu ermitteln. Wir müssen daher eine transzendentale von einer empirischen Erkenntnis unterscheiden (B 81); anders als diese beschäftigt sich jene „nicht so wohl mit Gegenständen, *sondern mit unserer Erkenntnisart* von Gegenständen, *so fern diese* a priori *möglich sein soll*" (B 25). Der Ausdruck „transzendental" wird dann aber auch in einem anderen Sinne von Kant verwendet, um „transzendentale Objekte" zu bezeichnen. Dabei handelt es sich um Objekte, die die Erfahrung transzendieren, d. h. die empirischer Untersuchung nicht zugänglich sind, indem sie weder selbst beobachtet werden können, noch kausal mit Beobachtbarem verknüpft sind. Diese „transzendentalen Objekte" führen zu einem Interpretationsproblem, auf das ich in Kapitel 4 zurückkommen werde.

Ich werde ebenso auf die Interpretation des „transzendentalen Idealismus" zurückkommen. Knapp ausgedrückt, besagt diese Theorie, daß die Gesetze des Verstandes, die in der subjektiven Deduktion offengelegt werden, mit eben jenen apriorischen Wahrheiten übereinstimmen, die sich in der objektiven Deduktion ergeben. Mit anderen Worten: Sie besagt, daß zwischen dem Vermögen des Erkennenden und der Beschaffenheit des Erkannten eine eigentümliche Harmonie besteht. Aufgrund dieser Harmonie ist synthetische Erkenntnis a priori möglich.

Aus diesem Ansatz ergibt sich, daß die „Gesetze des Denkens", die den Verstand leiten, und die apriorischen Bedingungen der Wirklichkeit in exakter Übereinstimmung stehen. Die Welt ist so, wie wir sie uns denken, und wir denken sie uns so, wie sie ist. Nahezu alle größeren Schwierigkeiten im Verständnis Kants hängen damit zusammen, welcher dieser beiden Aussagen der Vorrang zukommt. Bestimmt unser Denken die apriorischen Bedingungen der Welt? Oder bestimmt die Welt, wie wir über sie denken müssen? Die Antwort, meine ich, muß lauten „weder – noch und sowohl – als auch". Allerdings wird diese Antwort erst am Ende meiner Ausführungen verständlich sein.

Selbstbewußtsein

Ich habe im Anschluß an Kants Sprachgebrauch von „unserem" Verstand und „unserer" Erfahrung gesprochen. Wer sind „wir"? Kants Gebrauch der ersten Person Plural folgt einer ganz bestimmten Devise. Wie ich schon sagte, beabsichtigt er keine psychologische Studie über „Geschöpfe wie uns". Er spricht aber auch nicht im Namen irgendeiner abstrakten Größe, für die sich kein eigentlicher Gegenstand angeben läßt. Er meint, daß sich der Ausdruck „wir" unterschiedslos auf jeden bezieht, der den Ausdruck

„ich“ anwenden kann – auf jeden, der *sich selbst* als Erfahrungssubjekt zu identifizieren vermag. Den Ausgangspunkt aller Kantischen Philosophie bildet die eine Prämisse des Selbstbewußtseins, und seine drei *Kritiken* beschäftigen sich jeweils mit den Fragen: „Was muß ein selbstbewußtes Wesen denken?“, „Was muß es tun?“ und „Was muß es schön finden?“ Selbstbewußtsein ist ein tiefgründiges Phänomen, mit vielen Schichten und Seiten: Es treten jeweils andere Aspekte zutage, wenn wir diese Fragen einzeln angehen. Im Fall der ersten *Kritik* handelt es sich um dasjenige Moment, das Kant als seine gemeinsame Grundlage mit den Empiristen ansieht, die er zu widerlegen sucht: die selbstbewußte Erfahrung. Nicht jedes Wesen weiß um seine eigene Erfahrung (und ist ein Wesen, dessen „Ich denke“ alle seine Vorstellungen begleiten kann, wie Kant seine entscheidende Verbesserung gegenüber Descartes ausdrückt [B 131f.]). Aber nur ein solches Wesen kann die skeptische Frage stellen: „Sind die Dinge so, wie sie mir erscheinen (wie meine Erfahrung sie darstellt)?“ Der folgende Gedankengang untersucht daher die Voraussetzungen dieses Selbstbewußtseins. Kants Ergebnis läßt sich in folgender Weise zusammenfassen: Die Bedingungen, die den Skeptizismus überhaupt erst ermöglichen, widerlegen ihn zugleich.

Die transzendentale Synthesis

Ich werde mich zunächst mit der subjektiven Deduktion beschäftigen – mit der Theorie der „subjektiven Bedingungen“ des Urteils. Unsere Erkenntnis stammt aus zwei Quellen: aus der Sinnlichkeit und aus dem Verstand. Die erste Quelle ist das Vermögen der Anschauungen; sie beinhaltet alle jene sinnlichen Zustände und Veränderungen, die die Empiristen für die einzige Grundlage der Erkenntnis halten. Die zweite Quelle ist das Vermögen der Begriffe. Da Begriffe in Urteilen *angewandt* werden müssen, handelt es sich hier, anders als bei der Sinnlichkeit, um ein aktives Vermögen. Der

Fehler des Empirismus, meint Kant, bestehe darin, diesen wesentlichen Punkt nicht erfaßt und alle Verstandesbegriffe nach dem Modell von Sinneseindrücken aufgefaßt zu habe. (In diesem Sinne ist für Hume ein Begriff lediglich das verblaßte Relikt jenes „Eindrucks", dem er ursprünglich entstammt.) Der entsprechende Fehler des Rationalismus liegt darin, Sinneseindrücke als eine Art verworrene Vorstufe auf dem Wege zum begrifflichen Denken anzusehen. Kant faßte daher den berühmten Streit zwischen Leibniz und Locke in folgender Weise zusammen: „Leibniz *intellektuierte* die Erscheinungen, so wie Locke die Verstandesbegriffe ... insgesamt *sensifiziert*, d. i. für nichts, als empirische, oder abgesonderte Reflexionsbegriffe ausgegeben hatte." In Wirklichkeit jedoch stehen sich hier zwei Vermögen gegenüber, die sich nicht aufeinander reduzieren lassen, sondern *„nur in Verknüpfung* objektivgültig von Dingen urteilen" können (A 271, B 327).

Urteile bedürfen also der Zusammenarbeit von Sinnlichkeit und Verstand. Ein Gemüt, das keine Begriffe hätte, hätte keine Fähigkeit zu denken. Doch ebenso hätte ein Gemüt, das zwar Begriffe hätte, aber keinerlei Sinnesdaten, auf die es sie anwenden könnte, nichts, *worüber* es denken könnte: „Ohne Sinnlichkeit würde uns kein Gegenstand gegeben, und ohne Verstand keiner gedacht werden. Gedanken ohne Inhalt sind leer, Anschauungen ohne Begriffe sind blind" (A 51, B 75). Urteile setzen das voraus, was Kant eine „Synthesis" von Begriff und Anschauung nennt, und nur vermittels dieser Synthesis kommt es zu wirklicher Erfahrung (im Unterschied eben zu bloßer „Anschauung"). Diese Synthesis wird von Kant allerdings ziemlich verwirrend beschrieben: Einmal scheint es sich um einen „Prozeß" zu handeln, aus dem Erfahrung entsteht, ein andermal um eine Art von „Struktur", welche der Erfahrung zugrunde liegt. Auf jeden Fall aber scheint sie zwei Stufen aufzuweisen: zunächst die „reine" Synthesis, durch welche die Anschauungen zu einer Einheit zusammengefaßt werden, sowie dann den Akt des Urteils, im Zuge dessen diese Einheit durch einen Begriff geformt wird (A 79, B 104). Diese Synthesis wird nicht als ein psychologischer Vorgang gedacht; es handelt sich um eine „transzendentale" und nicht um eine „empirische" Synthesis. Mit anderen Worten: Sie wird in (selbstbewußter) Erfahrung *vorausgesetzt* und nicht aus ihr abgeleitet. Ich finde nicht meine Erfahrung und unterwerfe sie dann der Synthesis. Denn das „Finden" setzt bereits voraus, daß diese Synthesis stattgefunden hat. Angenommen, ich versuche zu beschreiben, wie mir Dinge erscheinen, z. B. wie ich an diesem Tisch sitze und schreibe. Ich bin dann schon dabei, meine Sinneseindrücke unter Begriffe (wie etwa die des Tisches und des Schreibens) zu subsumieren. Ich kann mir meine Erfahrungen nur auf dem Wege vergegenwärtigen, daß ich beschreibe, „wie Dinge erscheinen"; und das bedeutet, die Verstandesbegriffe anzuwenden. Umgekehrt würde keiner meiner Begriffe ohne die Erfahrungen verständlich sein, in denen sie zur Anwendung kommen.

Begriffe a priori

Der Empirismus geht davon aus, daß alle Begriffe aus sinnlichen Anschauungen hervorgehen oder irgendwie auf sie zurückgeführt werden können. Ihnen verdanken sie ihre Geltung. Es gibt keinen Begriff ohne den entsprechenden Sinnesreiz, und seine Bedeutung muß sich im Rekurs auf einen solchen Reiz angeben lassen. Kant hält diese Annahme für absurd. Die Empiristen verwechseln Erfahrung und Empfindung. Eine Erfahrung vermag die Geltung eines Begriffes zu begründen, weil sie bereits einen Begriff beinhaltet – und zwar infolge jener „Synthesis", die ich gerade skizziert habe. Eine Empfindung oder Anschauung beinhaltet keinen Begriff und vermag kein Urteil zu begründen. Bevor sich eine Verstandestätigkeit auf sie richtet, ist alle Empfindung ohne begriffliche Struktur und liefert daher keine Begründungen für irgendwelche Überzeugung. Wenn wir Erfahrungen machen und verstehen, liegt das daran, daß sie in sich selbst bereits die Begriffe enthalten, die wir vermeintlich aus ihnen ableiten. Woher kommen diese Begriffe? Nicht aus der Sinnlichkeit. Es muß daher ein Repertoire von Begriffen geben, die im Verstand selbst liegen und die Formen seiner Aktivität bestimmen.

Daraus folgt, daß die Leibnizsche Theorie der „angeborenen Ideen" im wesentlichen richtig ist. Es gibt Begriffe, die nicht *aus* der Erfahrung gewonnen werden können, da sie *in* der Erfahrung vorausgesetzt sind. Sie liegen jeder Vorstellung der Wirklichkeit zugrunde, die ich mir als die meine vor Augen führen kann. Ohne sie gibt es keine Erfahrung, sondern nur bloße Anschauung, aus der sich keine Erkenntnis gewinnen läßt. Diese „Begriffe a priori" des Verstandes legen die grundlegenden „Urteilsformen" fest. Alle anderen Begriffe lassen sich als konkrete „Bestimmungen" dieser Verstandesbegriffe auffassen – d. h. als besondere Fälle, mehr oder weniger abgewandelt durch den Bezug auf Beobachtung und Experiment.

Kant nennt diese grundlegenden Begriffe „Kategorien" und nimmt dabei einen Ausdruck auf, der auf einen ähnlichen (wenngleich weniger systematischen) Gebrauch durch Aristoteles zurückgeht. Die Kategorien sind unsere Formen des Denkens. Eine solche Kategorie stellt der Begriff dar, der dem Leibnizschen System zugrunde liegt: die Kategorie des Substanz/Akzidens-Verhältnisses. Eine Substanz ist etwas, das selbständig zu existieren vermag und als Träger abhängiger Eigenschaften (Akzidenzien) fungiert, die nicht notwendig, sondern bloß „zufällig" mit der Substanz verbunden sind. Der Begriff „Stuhl" z. B. ist eine besondere, empirische Bestimmung des allgemeinen Substanzbegriffs. Er kann nur von jemandem gebildet werden, dem die Kategorie der Substanz bereits zur Verfügung steht, denn nur jemand wie er wäre in der Lage, seine Erfahrung auf die erforderliche Weise zu verarbeiten. Eine andere Kategorie stellt jene dar, die von Hume unter solch skeptischen Beschuß genommen worden war: die Kategorie der Kausalität. Es ist nicht überraschend, daß die Analytik sich über weite Strecken mit den Kategorien der Substanz und

Kausalität beschäftigt – und zwar so, wie Kant sie versteht. Gleichwohl listet er insgesamt zwölf Kategorien auf und stellt zu seiner Zufriedenheit fest, daß sie alle Streitigkeiten der traditionellen Metaphysik umfassen.

Die subjektive Deduktion

Aus dem Vorherigen scheint sich zu ergeben: Wenn wir überhaupt zu einer Erkenntnis kommen wollen, müssen unsere Anschauungen den Gebrauch der Kategorien gestatten. Um es direkter zu sagen: Es muß für uns der Eindruck entstehen, daß wir Substanzen und Ursachen gegenüberstehen. Wir vermögen also a priori zu erkennen, daß eine jede verständliche Welt (eine jede Welt, in der es Selbstbewußtsein geben könnte) auch die von den Kategorien vorgeschriebene Erscheinungsform aufweisen muß. Dies kann aber nur dann der Fall sein, wenn sie bestimmten „Grundsätzen" gehorcht. Ein Grundsatz legt die Bedingungen fest, unter denen eine Kategorie zur Anwendung gelangt. Die Summe aller Grundsätze bestimmt den Umfang unserer Erkenntnis a priori.

Was zeigt diese „subjektive Deduktion" der Kategorien? Die Antwort scheint folgendermaßen zu lauten: Wir sind genötigt, mit Hilfe der Kategorien zu denken, und müssen daher jene Grundsätze für wahr halten, die deren Anwendung regeln. Die Welt muß uns daher im Normalfall auf eine Weise erscheinen, die es uns *erlaubt,* diese Grundsätze anzunehmen. Selbstbewußtsein setzt voraus, daß die Welt so erscheint, daß sie sich „nach den Kategorien richtet". Diese Behauptung umfaßt den Kern dessen, was Kant seine „kopernikanische Revolution" in der Philosophie nennt. Frühere Philosophen hatten der Natur den Primat eingeräumt und danach gefragt, wie unser Erkenntnisvermögen sie erfassen könnte. Kant räumt dem Erkenntnisvermögen den Primat ein und bestimmt in der Folge die apriorischen Grenzen der Natur. Darin besteht sein erster wichtiger Schritt in Richtung auf eine Antwort auf Hume. Hume ist im Recht mit seiner Behauptung, daß unsere Erkenntnis ihre Grundlage in der Erfahrung hat. Aber die Erfahrung ist nicht so einfach zu bestimmen, wie Hume es tun zu können meinte. Die Erfahrung hat nämlich eine durch das Selbstbewußtsein bestimmte Struktur. Sie ist bereits nach Maßgabe der Anschauungsformen von Raum und Zeit sowie der Kategorien des Substanz/Akzidens-Verhältnisses und der Kausalität geordnet. Daher gibt es kein Erfahrungswissen, das nicht auf eine gegebene Welt hinweist. Unser Blickwinkel ist immer schon der Blickwinkel *auf* eine objektive Welt.

Aber kann das den Skeptiker zufriedenstellen? Sicherlich, wird er sagen, selbst wenn Kant recht hätte und uns die Welt auf diese Weise erscheinen müßte, muß sie auch so *sein*, wie sie *erscheint*? Selbst wenn wir gezwungen sind zu denken, daß die Kategorien in Geltung stehen, folgt daraus doch nicht, daß sie *wirklich* in Geltung stehen. Wir müssen immer noch von der Beschreibung unserer Perspektive zu einer Beschreibung der Welt übergehen. Damit aber bleibt das Problem bestehen, „wie … *subjektive Bedingungen des Denkens objektive Gleichgültigkeit* haben" sollten (A 89, B 122). Kant zufolge (B 141) kann es kein Urteil ohne Objektivität geben. Dann aber ist klar, daß eine „objektive Deduktion" der Kategorien notwendig ist: eine Beweisführung, die zeigt, daß die Welt und nicht nur unsere Erfahrung der Welt mit den apriorischen Grundsätzen des Verstandes übereinstimmt.

Gesetze des Denkens und Formen der Anschauung

Bevor wir zu jener objektiven Deduktion übergehen, müssen wir uns nochmals den Anfangsabschnitten der *Kritik der reinen Vernunft* zuwenden, in denen sich Kant allgemein über das Wesen der Sinnlichkeit äußert. Kant war davon überzeugt, daß er seine Kategorientafel im Zuge eines Abstraktionsprozesses gewonnen habe. Angenommen, ich beschreibe, was ich gerade sehe: einen schreibenden Stift. Der Begriff „Stift“ ist eine nähere „Bestimmung“ des umfassenderen Begriffs „Artefakt“, dieser wiederum eine Bestimmung des Begriffs „materialer Gegenstand“, und so weiter. Am Ende dieser Abstraktionskette steht der Begriff a priori, den jede Stufe exemplifiziert: der Begriff der Substanz. Über diesen Punkt hinaus können wir nicht weiter abstrahieren, ohne mit dem Denken aufzuhören. In ähnlicher Weise stellt „Schreiben“ eine Näherbestimmung von „Handlung“ dar, die wiederum ist eine Näherbestimmung von „Kraft“, und so weiter: Hier handelt es sich um die Kategorie der Kausalität, über die kein Denken hinausgehen kann. Durch diese und ähnliche Gedankenexperimente gelangt Kant zu der Auffassung, daß er mit seiner Tafel von zwölf Kategorien sämtliche Urteilsformen erfaßt und also den Begriff der objektiven Wahrheit erläutert habe. Der Beweis für die Objektivität unserer Erkenntnisse beinhaltet daher den Nachweis der „objektiven Gültigkeit“ der Kategorien und jener Grundsätze, die in ihrem Gebrauch vorausgesetzt sind.

Dennoch gibt es zwei Ideen, die trotz ihrer Bedeutung für die Wissenschaft und eine objektive Weltsicht in Kants Kategorientafel fehlen. Dabei handelt es sich um die Ideen von Raum und Zeit, die er nicht als Begriffe, sondern als Formen der Anschauung auffaßte. Raum und Zeit werden im Anfangskapitel der ersten *Kritik* behandelt, der „transzendentalen Ästhetik“. Der Ausdruck „Ästhetik“ leitet sich hier aus dem griechischen Wort für Wahrnehmung ab und zeigt an, daß es in diesem Kapitel um das Vermögen der Sinnlichkeit geht – unabhängig vom Verstand betrachtet. Kant war der Auffassung, daß Raum und Zeit keine auf Anschauungen anwendbare Begriffe seien, sondern die grundlegenden *Formen* der Anschauung selbst bildeten. Seiner Meinung nach müßte jede Empfindung die Spuren zeitlicher und räumlicher Ordnung an sich tragen.

Die Zeit stellt die Form des „inneren Sinnes“ dar, d.h. aller Bewußtseinszustände, ob sie auf eine objektive Realität bezogen sind oder nicht. Es kann keinen Bewußtseinszustand geben, der nicht der Zeit unterworfen wäre; durch diese Ordnung in unserer

Erfahrung wird die Zeit für uns als wirklich gesetzt. Der Raum stellt die Form des „äußeren Sinnes“ dar – d. h. solcher „Anschauungen“, die wir auf eine unabhängige Wirklichkeit beziehen und deshalb als „Erscheinungen“ objektiver Gegenstände ansehen. Nichts kann mir als ein unabhängig von mir bestehender Gegenstand erscheinen, ohne daß ich ihn zugleich als „äußerlich“ erfahre und damit in ein räumliches Verhältnis zu mir setze. Der Raum bildet ebenso wie die Zeit einen Teil der Organisation meiner Sinnlichkeit. Bereits meine Sinneseindrücke tragen die Form des Raumes an sich, wie sich am Phänomen des „Gesichtsfeldes“ aufweisen läßt.

Aber warum sollte man bestreiten, daß Raum und Zeit Begriffe a priori sind? Sie sind zwar a priori, aber sie können keine Begriffe sein, denn Begriffe sind allgemein und erlauben eine Vielzahl von Anwendungsfällen. Kant meinte, daß es notwendigerweise nur einen Raum und nur eine Zeit geben könne. Alle Räume stellen Teile eines einzigen Raums dar, und alle Zeiten Teile einer einzigen Zeit. Gelegentlich bringt Kant diesen Punkt zum Ausdruck, indem er sagt, Raum und Zeit seien keine Begriffe, sondern „Anschauungen a priori“.

Kants Philosophie weist einen Ordnungszwang auf, der ihn dazu führt, in jedem gesonderten Teil seines Systems so viele philosophische Probleme wie möglich zu lösen. Ein Grund für die – gegenüber den Verstandeskategorien – separate Behandlung von Raum und Zeit liegt darin, daß er eine Erklärung für den Umstand bieten will, daß es zwei Arten synthetischer Wahrheit a priori gibt: Mathematik und Metaphysik. Es hat den Anschein, als sollte es für beide eine unterschiedliche Erklärung geben, weil die Mathematik selbst-evident und für alle denkenden Wesen einleuchtend ist, während die Metaphysik grundsätzlich in Frage steht und Gegenstand endloser Debatten ist: Es „fehlt unendlich viel daran, daß irgend ein synthetischer Satz der reinen und transzendentalen Vernunft so augenscheinlich sei (...), als der Satz: daß zweimal zwei vier geben“ (A 733, B 761). Die Mathematik besitzt in der Tat die

Unmittelbarkeit und Unbezweifelbarkeit der Anschauung, wohingegen die Grundsätze der Metaphysik, die ja allein aus dem Denken stammen, notwendigerweise strittig sind. Dadurch, daß er die Mathematik als eine Anschauungswissenschaft a priori bestimmte, meinte Kant zeigen zu können, warum das so ist. In der Mathematik beschäftigen wir uns mit „Anschauungen a priori"; diese geben unserem Denken automatisch einen Inhalt, der sich von der abstrakten Verwendung der Kategorien unterscheidet. Die Schlußfolgerungen der Mathematik ergeben sich „a priori und unmittelbar" (A 732, B 760), während diejenigen der Metaphysik auf dem Wege umständlicher Argumentation gewonnen werden müssen.

Ob wir nun Kants Erklärung überzeugend finden oder nicht: Es ist ein auffälliges Kennzeichen seiner Philosophie, daß er mathematische Wahrheiten als synthetische Erkenntnisse a priori auffaßt. Zugleich verwahrte er sich gegen Platons Begründung des Status „synthetisch a priori", derzufolge dieser sich aus der besonderen Eigenart mathematischer Gegenstände ergeben sollte – handelte es sich bei ihnen doch um abstrakte, unwandelbare und selbständige Zahlen und Formen. Kant widersprach ebenso Hume und Leibniz, die beide die Mathematik für analytisch hielten. Die Frage lautet daher: Wie kann die Mathematik synthetisch a priori sein, ohne doch nur zur Erkenntnis irgendeines rätselhaften und unbeobachtbaren Gebietes zu führen? In seiner Inauguraldissertation vertrat Kant die These, daß sich das apriorische Wesen der Geometrie weniger dem Objekt als vielmehr dem Subjekt des mathematischen Denkens verdanke. Von dort aus führt der Weg zu seiner ausgereiften Auffassung, es könne eine apriorische Erkenntnis vom Raum nur dann geben, wenn der Raum zur Beschaffenheit der Wahrnehmung selbst gehört. Daher die Theorie des Raumes als einer „Form" der Anschauung.

Objektive Erkenntnis hat also einen doppelten Ursprung: Sinnlichkeit und Verstand. Und ebenso wie erstere letzterem „entsprechen" muß, muß letzterer ersterer „entsprechen"; andernfalls wäre die transzendentale Synthesis beider nicht möglich. Doch was ist damit gemeint, daß der Verstand der Sinnlichkeit „entsprechen“ muß? Insofern die Zeit die allgemeine Form aller Anschauung darstellt, läuft diese Behauptung auf folgendes hinaus: Die Kategorien müssen ihre primäre Anwendung in der Zeit finden und dementsprechend „bestimmt“ oder begrenzt werden. Der Begriff der Substanz darf also als seinen primären Anwendungsfall weder die Monadens Leibnizens noch die abstrakten Gegenstände der platonischen Ideenwelt haben, sondern gewöhnliche zeitliche Dinge, die in der Zeit Bestand haben und der Veränderung unterliegen. Wenn solche Dinge objektiv sind, dann müssen sie – der Theorie des Raums als der Form des äußeren Sinnes zufolge – ebenso räumlich sein. Die „objektive Geltung“ des Substanzbegriffs zu beweisen, bedeutet also nicht zu beweisen, daß die Welt aus Monaden besteht. Die Welt besteht vielmehr aus normalen raum-zeitlichen Gegenständen. Der philosophische Objektivitätsbeweis begründet die Existenz nicht einer abstrakten, perspektivenfreien Welt, sondern der vernünftigen Welt der Wissenschaft und der alltäglichen Wahrnehmung – eben jener Welt, die sowohl der Humesche Skeptizismus als auch die Leibnizsche Metaphysik in Zweifel gezogen hatten. Es war für Kant daher wichtig, mit seinem Objektivitätsbeweis zu zeigen, daß die Auffassungen, die sich daraus ergaben, exakt eben den Gesetzen entsprachen, die die Newtonsche Wissenschaft für alle wahrnehmbaren Dinge aufgestellt hatte.

Die tranzendentale Einheit der Apperzeption

Die „objektive“ Deduktion der Kategorien nimmt ihren Ausgang von der Prämisse des Selbstbewußtseins, in Kants typischer Sprache umschrieben als die „transzendentale Einheit der Apperzeption“. Es ist wichtig, diese Wendung zu verstehen, da sie in nuce wesentliche Aspekte der Kantischen Philosophie enthält. Der Ausdruck „Apperzeption“ stammt aus der Leibnizschen Metaphysik; er bezieht sich auf jede Erfahrung, von welcher das Subjekt sagen kann: „Sie ist meine". Mit anderen Worten: „Apperzeption" meint „selbstbewußte Erfahrung". Die Einheit der Apperzeption besteht in dem „das: *Ich denke*, muß alle meine Vorstellungen begleiten können" (B 131), um erneut auf Kants Fassung von Descartes' „Cogito ergo sum" zurückzugreifen. Sie besteht in meinem unmittelbaren Bewußtsein, daß die gegenwärtigen Erfahrungen die meinigen sind. Ich weiß unmittelbar, daß dieser Gedanke und diese Wahrnehmung gleichermaßen *meine* sind – in dem Sinne, daß sie zu der Einheit des Bewußtseins gehören, die meinen Blickwinkel bestimmt. Zweifel ist hier unmöglich: Ich könnte niemals in der Lage sein, die Dickens in *Hard Times* Frau Gradgrind auf ihrem Totenbett zuschreibt, irgendwo im Raum Schmerzen zu erkennen, aber nicht zu wissen, daß es meine sind. Diese Erkenntnis einer Einheit heißt „transzendental", da ich sie niemals aus der Erfahrung ableiten könnte. Ich könnte nicht daraus, daß dieser Schmerz eine solche Qualität hat und dieser Gedanke eine solche, den Schluß ziehen, daß beide zu einem einzigen Bewußtsein gehören müssen. Wenn ich das täte, könnte ich einen Fehler machen; ich könnte mich dann in der absurden Position befinden, mir selbst irgendeinen Schmerz, einen Gedanken oder eine Wahrnehmung zuzuschreiben, die nicht mir, sondern einem anderen Bewußtsein zugehören. Aus diesem Grund stellt die Einheit, als die ich meine „Perspektive" erfasse, nicht einen Schluß aus der Erfahrung, sondern eine Voraussetzung der Erfahrung dar. Ihre Grundlage „transzendiert" alles, was die Erfahrung begründen könnte. Kant drückt es gelegentlich so aus, daß die Einheit des Bewußtseins allen Daten der Anschauung „vorhergeht" (A 107).

Die transzendentale Einheit der Apperzeption liefert die minimale Beschreibung unserer „Perspektive". Ich kann zumindest eines erkennen: daß es eine Einheit des Bewußtseins gibt. Dies zu bezweifeln, bedeutet das Ende des Selbstbewußtseins und damit ebenso das Ende des Versuchs, den Zweifel überhaupt für sinnvoll zu halten. Die Aufgabe besteht darin zu zeigen, daß eine solche „Perspektive" nur in einer objektiven Welt möglich ist.

Die objektive Deduktion hat denselben „transzendentalen" Charakter wie ihre Prämisse. Sie zielt auf den Nachweis, daß sich die Wahrheit ihres Ergebnisses nicht der Erfahrung verdankt, sondern in dem Faktum der Erfahrung überhaupt vorausgesetzt ist. Die transzendentale Einheit der Apperzeption ist nur dann möglich, wenn das Subjekt in eben jener Welt lebt, die die Kategorien beschreiben: in einer objektiven Welt, in der die Dinge anders sein können, als sie erscheinen. Um das Argument kurz und bündig zusammenzufassen: Die Einheit der Apperzeption beschreibt die Bedingung von Subjektivität, derzufolge alles so ist, wie es erscheint, und alles so erscheint, wie es ist. Aber niemand kann den Standpunkt der Subjektivität einnehmen, ohne damit Wissen um objektive Wahrheiten zu haben. Er muß daher zu einer Welt von Dingen gehören, die anders sein können, als sie erscheinen, und die unabhängig von ihm existieren.

Ein Argument, das das zeigen soll, ist schwer zu finden. Es ist bezeichnend, daß Kant mit seiner „transzendentalen Deduktion" derart unzufrieden war, daß er sie für die zweite Auflage der *Kritik* gänzlich umschrieb und dabei die Betonung von der soeben skizzierten subjektiven Schlußfolgerung auf die objektive Deduktion verlagerte, mit der wir uns jetzt beschäftigen. Trotzdem ist das Ergebnis reichlich undurchsichtig, und es wurde eine weitere Passage – „Die Widerlegung des Idealismus" – hinzugefügt, um die Betonung der Objektivität überzeugender erscheinen zu lassen. Der Zweck dieser „Widerlegung" war es zu zeigen, „daß wir von äußeren Dingen auch *Erfahrung* und nicht bloß *Einbildung* haben; welches wohl nicht anders wird geschehen können, als wenn man beweisen kann, daß selbst unsere *innere*, dem Cartesius unbezweifelte, Erfahrung nur unter Voraussetzung *äußerer* Erfahrung möglich sei" (B 275). Das erscheint einleuchtend, aber der Gehalt dieses Gedankengangs ist nicht so einfach zu fassen. Er scheint zumindest die folgenden drei Gedanken zu beinhalten:

(1) Identifikation durch Erfahrung. Eine gängige empiristische Behauptung lautet, daß ich um meine Erfahrung einfach dadurch weiß, daß ich sie beobachte. Aber dem ist nicht so. Ich beobachte meine Erfahrung nicht, sondern nur ihren Gegenstand. Jedes Wissen um Erfahrung muß daher ein Wissen um ihren Gegenstand beinhalten. Doch ich kann ein Wissen um den Gegenstand nur dann haben, wenn ich ihn als beständig identifiziere. Nichts kann zeitliche Dauer haben, wenn es nicht auch unbeobachtet zu existieren vermag. Seine Existenz ist daher von meiner Wahrnehmung unabhängig.

(2) Identität in der Zeit. Ich kann eine Erfahrung nur dann als meine identifizieren, wenn ich sie in der Zeit verorte. Ich muß sie daher einem Subjekt zuschreiben, das in der Zeit existiert und Bestand hat. Meine Einheit setzt meine Dauer voraus. Beständig zu sein, bedeutet jedoch, substanzhaft zu sein, und nichts kann substanzhaft sein, wenn es nicht sogleich in kausale Verhältnisse eintritt. Ich habe nur dann Bestand, wenn meine Vergangenheit meine Zukunft erklärt. Andernfalls besteht kein Unterschied zwischen der eigentlichen Dauer und einer endlosen Folge momentaner Selbstheiten. Wenn ich mir überhaupt meiner Erfahrung bewußt sein kann, kann ich daraus also den Schluß ziehen, daß ich zu einer Welt gehöre, in der solche Kategorien wie die von Substanz/Akzidens und Kausalität deshalb zu Recht Anwendung finden, weil sie zu Recht auf mich angewandt werden. Es ist mithin eine Bedingung von Selbstbewußtsein, daß gerade jene objektive Ordnung existiert, die mir meine Erfahrung vermittelt.

(3) Ordnung in der Zeit. Ich habe ein privilegiertes Wissen um meine *gegenwärtige* Erfahrung. Um meine Erfahrung zu wissen, heißt daher, um sie *als* gegenwärtig zu wissen. Das ist nur dann möglich, wenn ich in der Erfahrung zwischen *jetzt* und *nachher* unterscheiden kann. Es gibt deshalb eine „zeitliche Ordnung" innerhalb der Erfahrung, und ich muß um diese Ordnung wissen, wenn ich um mich selbst wissen will. Aber ich kann nur dann um sie wissen, wenn ich auf unabhängige Objekte und die Gesetz-

mäßigkeiten Bezug nehmen kann, denen sie unterliegen. Nur dann bin ich in der Lage, die Zeit als eine Dimension zu beschreiben, *innerhalb* derer Erfahrung geschieht, statt nur als eine Serie unzusammenhängender Augenblicke. Die Realität der Zeit ist in der Erfahrung vorausgesetzt. Und die Realität der Zeit setzt die Realität einer objektiven Folge voraus. Nur im Bezug auf diese Folge und die dauerhaften Objekte, die sie strukturieren, kann ich meine eigene Wahrnehmung identifizieren.

Keiner dieser Gedanken ist im Original klarer dargestellt als in meinem kurzen Resümee. Es läßt sich nicht abstreiten, daß die transzendentale Deduktion niemals als befriedigend aufgefaßt worden ist. In all ihren Varianten nimmt sie einen Übergang von der Einheit des Bewußtseins zur *Identität* des Subjekts in der Zeit vor. Hume wies darauf hin, daß der schleichende Wechsel von der Einheit zur Identität allen unseren Ansprüchen auf objektive Erkenntnis zugrunde liegt; er meinte ebenfalls, daß dies niemals als gerechtfertigt ausgewiesen werden könnte. Kant fand keinen Weg, um Hume zu widerlegen. Dennoch hat sein Unterfangen auf viele nachfolgende Philosophen Eindruck gemacht, und in den letzten Jahren ist die transzendentale Deduktion wieder aufgegriffen worden, am eindruckvollsten von Ludwig Wittgenstein (1889–1951). In dem berühmten „Privatsprachenargument" seiner *Philosophischen Untersuchungen* vertritt Wittgenstein die Auffassung, daß es kein Erfahrungswissen geben könne, das nicht den Bezug auf eine öffentliche Welt voraussetzt. Ich kann unmittelbar und unwiderlegbar um meine Erfahrung wissen, aber nur deshalb, weil ich Begriffe auf sie anwende, die ihren Sinn dem öffentlichen Gebrauch verdanken. Und der öffentliche Gebrauch beschreibt eine Realität, die für andere außerhalb meiner selbst beobachtbar ist. Die Öffentlichkeit meiner Sprache garantiert die Objektivität ihrer Referenz. Wittgensteins Argumentation – die vielen überzeugend erschien – teilt mit der transzendentalen Deduktion Prämisse und Schlußfolgerung. Dennoch beruht sie nicht auf metaphysischen Annahmen über die Zeit, wenngleich auf Annahmen hinsichtlich Referenz und Bedeutung.

Für den Fall, daß sie gültig ist, bringt die transzendentale Deduktion ein Ergebnis von immenser Bedeutung hervor. Sie begründet die Objektivität meiner Welt, ohne mehr voraussetzen zu müssen als meine Perspektive auf sie. Descartes versuchte in seinem Beweis der externen Welt, den er in seinen *Meditationen* darlegte, über den Standpunkt des Subjekts dadurch hinauszugehen, daß er einen allwissenden Gott einführte: Die Welt empfängt ihre Geltung dann als Objekt des göttlichen (perspektivenfreien) Bewußtseins. Der Kern der Kantischen „transzendentalen" Methode liegt demgegenüber in ihrer Egozentrik. Alle Fragen, die ich stellen kann, muß ich von meinem Standpunkt aus stellen; sie müssen daher die Spuren meiner Perspektive tragen – der apriorischen Perspektive „möglicher Erfahrung". Eine Antwort auf sie läßt sich nicht in dem Versuch finden, auf den Standpunkt eines Vernunftwesens überzuwechseln, das ohne Erfahrung zu Erkenntnis kommt. Statt dessen kann ich, in meiner eigenen Erfahrung eine Erwiderung auf die Fragen der Skepsis finden. Die transzendentale Methode findet die Antwort auf jede philosophische Frage in den Voraussetzungen der Perspektive, aus welcher heraus sie gestellt werden muß.

Grundsätze

Kant vertritt die Auffassung, daß jede Kategorie einem Grundsatz entspricht, dessen Wahrheit in seiner Anwendung vorausgesetzt ist. Grundsätze sind „Regeln des objektiven Gebrauchs" der Kategorien (A 161, B 200). Bei diesen Grundsätzen handelt es sich um Wahrheiten a priori. Sie weisen zwei Merkmale auf: Auf der einen Seite sagen sie, wie wir denken müssen, wenn wir überhaupt denken; und auf der anderen, objektiven Seite sagen sie, wie die Welt sein muß, wenn sie verständlich sein soll. Mit Hilfe dieser Grundsätze schreiben die Kategorien „den Erscheinungen, mithin der Natur … Gesetze a priori" vor (B 163). Das heißt: Sie liefern synthetische Wahrheiten a priori hinsichtlich der alltäglicher und wissenschaftlicher Beobachtung zugänglichen Wirklichkeit. Es handelt sich nicht um Wahrheiten a priori über die „Dinge an sich selbst betrachtet". Sie vermitteln kein Wissen über eine Welt, die ohne Rekurs auf unsere Wahrnehmung erfaßt wird. Synthetische Erkenntnis a priori gibt es ausschließlich von Dingen, „sofern diese als Gegenstände möglicher Erfahrung angenommen werden" (B 148). Auf diesem Gebiet liefern die Grundsätze objektive und notwendige Wahrheiten, da die Kategorien „als a priori notwendig" auf Gegenstände möglicher Erfahrung bezogen werden müssen, „weil die Erkenntnis sonst ohne Gegenstand sein würde." (A 110). Die Beschränkug auf die „Gegenstände möglicher Erfahrung" ist wesentlich für Kants Philosophie, und wiederholt betont er, daß es „über das Feld möglicher Erfahrung hinaus ... überall keine synthetischen Grundsätze a priori geben könne" (A 248, B 305). Wir müssen stets im Auge behalten, daß Kant apriorische Erkenntnis gewinnen und doch zugleich die Möglichkeit einer perspektivenfreien Metaphysik im Stil von Leibniz widerlegen will.

Ich habe mir vorgenommen, mich auf die Kategorien des Substanz/Akzidens-Verhältnisses (im folgenden der Kürze halber Kategorie der Substanz genannt) und der Kausalität (Ursache/Wirkung) zu konzentrieren. Kant verknüpft sie mit einer dritten, der Kategorie der Gemeinschaft oder Wechselwirkung. Diese Begriffe bilden für Hume die bevorzugten Zielscheiben seiner skeptischen Attakken. In der Leibnizschen Metaphysik nehmen sie dagegen eine zentrale Stellung ein; die Substanz als diejenige Idee, von der Leibniz seinen Ausgang nimmt, und das „Prinzip des zureichenden Grundes" – von Kant mit der Kausalität verknüpft (A 200 f., B 246) – als dasjenige Prinzip, das dem Fortgang seiner Argumentation zugrunde liegt. Kants Auseinandersetzung mit diesen Begriffen ist von außerordentlicher und dauerhafter Bedeutung. Er rückt sie in den Mittelpunkt des Objektivitätsproblems und bringt im Zuge ihrer Analyse zum Ausdruck, was er für die metaphysischen Grundlagen der Physik hält. Er gewinnt die ihnen entsprechenden Grundsätze in einem Abschnitt mit dem Titel „Analogien der Erfahrung“. Hier finden sich einige seiner revolutionärsten Überlegungen zur Frage der Beschaffenheit objektiven Wissens.

Kants Einteilung aller philosophischen Gedanken in drei- oder viergliedrige Elemente ist zwanghaft. Aber im Fall von Substanz und Kausalität gibt es einen besonderen Grund für seine Behauptung, daß ein dritter Grundbegriff mit ihnen verknüpft sein sollte – Kants Zielsetzung nämlich, daß seine Ergebnisse den drei Newtonschen Bewegungsgesetzen entsprechen sollen. Wissenschaftliche Erklärung ist abhängig von methodischen Prinzipien: Da diese im wissenschaftlichen Untersuchungsverlauf vorausgesetzt sind, können sie durch ihn nicht bewiesen werden. Kant war davon überzeugt, daß sich solche Prinzipien in grundlegenden wissenschaftlichen Gesetzen widerspiegeln; und eine der Aufgaben der Metaphysik bestehe darin, ihre Geltung zu begründen.

Die Physik zu Kants Zeiten schien a priori universale Kausalität und gegenseitige Wechselwirkung vorauszusetzen. Sie behauptete, daß dies zwar nicht die *Existenz* von Sachverhalten, wohl aber die Veränderungen, denen sie unterworfen seien, erklären müßte. Sie hielt ein Erhaltungsgesetz für notwendig, demzufolge in allen Veränderungen eine gewisse Grundgröße gleich bleibe. Kant meinte, gerade diese Annahmen hätten Newton in der Formulierung seiner Bewegungsgesetze geleitet. Daher unternimmt Kant den Versuch, im Zuge der Ableitung seiner Prinzipien die Geltung allgemeiner Naturgesetze als Verstandesgesetze zu begründen (PM 313). Darüber hinaus vertritt er die Ansicht, daß sich bei näherem Nachdenken alle Grundgesetze der neuen Astronomie in der Weise auffassen lassen, daß sie auf Prinzipien beruhen, die a priori gültig sind (PM 321).

Der Versuch, die Newtonsche Mechanik zu stützen, verbindet sich mit einem Angriff auf Humes Skeptizismus hinsichtlich der Kausalität. Kant versucht zu zeigen, daß Kausalverhältnisse notwendig sind – sowohl in dem Sinne, daß es notwendig ist, daß Gegenstände in Kausalverhältnissen stehen (es gibt keine Wirkung ohne Ursache), als auch in dem Sinne, daß diese selbst in einer notwendigen Verknüpfungsrelation stehen.

Das Analogiekapitel beinhaltet zu viele Einzelargumente, um sie hier im Detail behandeln zu können. Wie andere wichtige Passagen der Analytik ist auch dieser Teil für die zweite Auflage von Grund auf umgearbeitet worden; dabei hat die eigentliche Darstellung der „Grundsätze" einschneidende Veränderungen erfahren. Zwei Thesen allerdings verdienen aufgrund ihrer nachfolgenden Bedeutung eine gesonderte Behandlung. Zunächst: Kant behauptet, daß jede Erklärung von Veränderung das Postulat einer unveränderlichen Substanz voraussetzt, und sieht dies als Beweis für die Geltung eines grundlegenden „Erhaltungsgesetzes" in der Wissenschaft an. Seine Überlegungen führen auf eine der bedeutsamsten Einsichten in die Eigenart der wissenschaftlichen Methode seit Descartes und stellen einen klaren Schritt in Richtung auf die moderne Auffassung der „Einheitswissenschaft" dar. Einer Version dieser Auffassung zufolge ist in der Erklärung jeder Veränderung nur ein einziges Erhaltungsgesetz vorausgesetzt und daher auch nur ein einziger Stoff (beispielsweise Energie), dessen Verwandlungsgesetze das Ganze der Natur beherrschen.

Zweitens: Kant verteidigt in der zweiten Analogie die wichtige metaphysische Ansicht, daß „das Verhältnis der Ursache zur Wirkung die Bedingung der objektiven Gültigkeit unserer empirischen Urteile" ist (A 202, B 247). Nur weil wir in unserer Welt auf kausale Verknüpfungen stoßen, können wir deren Objektivität postulieren. Dies ist eine Folge des Zusammenhangs zwischen Objektivität und Dauer: Wegen der zeitlichen Dauer von Dingen vermag ich ihre Erscheinung von ihrer Realität zu unterscheiden. Aber sie können nur dann Bestand haben, wenn es einen kausale Verknüpfungslinie gibt, die ihre zeitlichen Einzelmomente zusammenfaßt. Dieser Tisch ist, wie er ist, *weil* er war, wie er war. Die Abhängigkeit der Objektivität von der Kausalität entspricht einer ähnlichen Abhängigkeit der Kausalität von der Substanz: Nur unter der Voraussetzung beständiger Dinge können unsere Kausalgesetze Geltung erlangen: „Diese Kausalität führt auf den Begriff der Handlung, diese auf den Begriff der Kraft, und dadurch auf den Begriff der Substanz“ (A 204, B 249). Wir können diesen Punkt folgendermaßen zusammenfassen: Wir finden nur dadurch heraus, wie die Dinge wirklich sind, indem wir Gründe dafür ausfindig machen, wie sie erscheinen, und wir machen nur dadurch Gründe ausfindig, daß wir einen Bereich beständiger Dinge vorausetzen.

Die Annahme eines unabhängigen Gegenstandes setzt also Annahmen über Kausalität voraus, und Kausalität ist, Kant zufolge, eine Art von Notwendigkeit. Etwas über die Welt zu wissen, bedeutet daher, Wissen um Notwendigkeiten zu haben – um das, was sein muß, und um das, was hätte sein können. Diese These widerspricht radikal der empiristischen Auffassung, daß es in der Natur keine Notwendigkeiten gibt, und allen ebenso modernen Theorien, die meinen, daß unsere Grundgedanken über das Wirkliche mentale Operationen in Anspruch nehmen, die einfacher sind als solche, die bei der Erfassung des Notwendigen und des Möglichen beteiligt sind.

Alle diese schlagenden Thesen entstammen dem Versuch, so etwas wie einen zur Gänze „angereicherten“ Bericht von der Objektivität der physischen Welt zu geben. Ein jeder Philosoph, der sich ernsthaft mit Kants Argumenten auseinandersetzt, wird sehen, wie schwierig es ist, die Idee einer objektiven Welt auf eine bloße Zusammenschau von Erfahrungen zu „reduzieren“. Er wird daher die mangelnde Plausibilität nicht nur des von Kant attackierten Skeptizismus erkennen, sondern auch der empiristischen Erkenntnistheorie, von der jener Skeptizismus seinen Ausgang nahm.

Schlußergebnis

Die Grundsätze gelten a priori, aber nur im Fall von „Gegenständen möglicher Erfahrung“. Die Empiristen gehen fehl, wenn sie die Möglichkeit derartiger apriorischer Grundsätze zurückweisen, sind aber im Recht mit ihrer Behauptung, daß unser eigener Blickwinkel auf die Welt in gewisser Hinsicht als konstitutiver Bestandteil unserer Erkenntnis fungiert. Wir können die Welt nur in dem Maße a priori erkennen, wie es ihr möglich ist, für unsere Augen eine Erscheinung zu präsentieren. Der Versuch, über diesen Standpunkt hinauszugelangen und die Welt zu erkennen, „wie sie an sich selbst ist“, unabhängig von jeder Wahrnehmung, ist vergeblich. Daher sind alle Bemühungen, Leibniz' „Prinzip des zureichenden Grundes“ zu beweisen, „nach dem allgemeinen Geständnisse der Kenner, vergeblich gewesen“ (A 783, B 811). Das „transzendentale“ Äquivalent dieses Prinzips aber, so Kant, *ist* beweisbar: Das Prinzip des zureichenden Grundes wird dann zum Kausalgesetz, dem Gesetz, daß jedes Ereignis in der empirischen Welt an kausale Verknüpfungen gebunden ist. Dies stellt eine Wahrheit a priori dar, aber nur im Blick auf die „Welt der Erscheinung“ und damit nur im Blick auf Ereignisse in der Zeit. Trotz Kants forschem Selbstbewußtsein in dieser Sache meinten viele Leibnizianer, daß sie *sehr wohl* einen Beweis für das Prinzip des zureichenden Grundes geliefert hätten – so etwa Baumgarten. Und einer von Baumgartens Schülern, Eberhard, unternahm den Versuch zu zeigen, daß die kritische Philosophie nicht mehr war als eine erneute Darstellung des Leibnizschen Systems. Das Prinzip des zureichenden Grundes sei nicht nur notwendig für Kants Unterfangen, sondern auch a priori beweisbar. Dies war eine der wenigen Kritiken der *Kritik*, denen gegenüber sich Kant zu einer Erwiderung verpflichtet sah („Über eine Entdeckung, nach der alle neue Kritik der reinen Vernunft durch eine ältere entbehrlich gemacht werden soll“, 1790 in Königsberg veröffentlicht). Kant wies die Unmöglichkeit auf, das Prinzip ohne Bezug auf sinnliche Anschauung zu beweisen, und betonte die Hilflosigkeit der reinen Vernunft, über bloße Begriffe hinaus zu irgendeiner tragfähigen Wahrheit über die Welt zu kommen. Das Prinzip des zureichenden Grundes läßt sich, ihm zufolge, nur durch seine „transzendentale“ Methode rechtfertigen, die die Erkenntnisgegenstände mit dem Erkenntnisvermögen in Beziehung setzt und nur solche Gesetze a priori beweist, die die Bedingungen der Erfahrung bestimmen.

Der vergebliche Versuch der Anhänger von Leibniz, in der „reinen Vernunft“ allein zu Erkenntnis zu gelangen, bildet den Gegenstand des zweiten Teils der *Kritik der reinen Vernunft,* der Dialektik. Indem wir dem Umriß von Kants Kritik folgen, werden wir genau sehen können, was er unter „transzendentalem Idealismus“ verstand und warum er der Meinung war, damit einen Mittelweg zwischen Empirismus und Rationalismus beschreiten zu können.

4. Die Logik des Scheins

Der Verstand führt zwar, wird er recht gebraucht, zu gültiger und objektiver Erkenntnis. Dennoch wohnt ihm eine Versuchung inne, sich zu täuschen. Diese Versuchung will Kant in seiner Prüfung der „reinen Vernunft" untersuchen und einer Kritik unterziehen. Dabei weist sein Gedankengang erneut eine subjektive und eine objektive Seite auf. Er beschreibt ein besonderes Vermögen, die Vernunft, im Blick auf ihren illegitimen Gebrauch; zugleich weist er alle Erkenntnisansprüche zurück, zu denen dieses Vermögen uns verführt. Seinen Gegenstand in der Dialektik bildet die rationalistische Metaphysik. Er gliedert sie in drei Teile – die rationale Psychologie, die es mit der Beschaffenheit der Seele zu tun hat, die Kosmologie, der es um die Beschaffenheit des Universums und unserer Stellung in ihm geht, und der Theologie, die sich mit der Existenz Gottes beschäftigt. Sodann widmet er sich dem Nachweis, daß jede dieser drei Disziplinen auf jeweils eigene Weise Scheinargumente vorbringt und so nicht zur Wahrheit gelangt, sondern sich in einen Trugschluß verstrickt. Der Aufweis dieser Fehler folgt einem gemeinsamen Muster. Jeder Versuch der reinen Vernunft, die metaphysischen Hypothesen, zu denen sie sich hinreißen läßt, zu begründen, überschreitet die Grenzen der Erfahrung und nimmt Begriffe auf eine Weise in Gebrauch, die nicht durch das Anschauungsvermögen „bedingt" ist. Da jedoch ein Urteil nur aus der Synthesis von Begriff und Anschauung hervorgeht, kann dieser Versuch zu keiner Erkenntnis führen. Im Gegenteil, Begriffe, die von ihrer „empirischen Umgebung" abgelöst werden, sind leer: Die reinen Verstandesbegriffe können *„niemals* von *transzenden-*

talem, sondern *jederzeit* nur von *empirischem* Gebrauche sein" (A 246, B 303). Da jedoch Begriffe in sich selbst diese Tendenz zu einem „unbedingten" Gebrauch aufweisen, ist es ein unstillbares, in die Irre führendes Verlangen des Verstandes, daß sich die „reine Vernunft" seiner Funktionen bemächtigt und die Kategorien aus Erkenntniswerkzeugen in jene Werkzeuge des Scheins umgewandelt werden, die Kant „Ideen" nennt.

Wir müssen hier erneut einen Blick auf den transzendentalen Idealismus werfen, um genau sehen zu können, was Kant in der Analytik nachgewiesen zu haben meint. Dabei stoßen wir auf eine tiefsitzende Zweideutigkeit in Kants Ansatz, die sich auch in die zweite und dritte *Kritik* hinein auswirkt.

Erscheinung und Realität

Kant kennzeichnet den transzendentalen Idealismus häufig als die Auffassung, daß wir Erkenntnis a priori nur von „Erscheinungen" besitzen und nicht von „Dingen, wie sie an sich selbst sind" (oder „Dingen an sich"). Seine Nachfolger und Kritiker stritten heftig über das „Ding an sich". Moses Mendelssohn sah es als eine eigene Entität an, so daß eine Erscheinung eine Größe sei, das Ding an sich eine andere. Andere benutzten die Wendung „Ding an sich" – unter dem Einfluß des Kantschülers J. S. Beck – als Bezeichnungsweise für dasselbe Objekt, das wir auch als Erscheinung kennen. Kant unterstützt diese zweite Auffassung in seinem Briefwechsel mit Beck, in einigen Passagen der *Kritik der praktischen Vernunft* und in einem Brief an einen seiner entschiedensten Verteidiger, in dem er schreibt, daß alle Gegenstände, die uns gegeben sind, auf zweierlei Weisen aufgefaßt werden können, zum einen als Erscheinungen, zum anderen als Dinge an sich. Aber es besteht kein Zweifel, daß er sich in dieser Sache nicht entscheiden konnte, und das führte zu einer weitreichenden Zweideutigkeit in der kritischen Philosophie.

Kant sagt ebenso, daß sich die Kategorien zwar auf die „Phaenomena", nicht aber auf die „Noumena" anwenden lassen. Ein Phänomen ist ein „Objekt möglicher Erfahrung", während mit Noumenon ein Objekt bezeichnet wird, das allein dem Denken zugänglich ist und sinnvollerweise nicht als Erfahrungsgegenstand aufgefaßt werden kann. Es ist naheliegend, diese beiden Unterscheidungen miteinander zu verknüpfen und anzunehmen, Kant vertrete die Auffassung, daß Erscheinungen oder Phänomene durch Erfahrung erkannt würden, während „Dinge an sich" lediglich Noumena und als solche unerkennbar seien, da durch das Denken allein nichts erkannt werden könne. Beispielsweise sagt Kant, daß der Begriff eines „Noumenon" nur negativ gebraucht werden könne, um die Grenzen unserer Erkenntnis zu bezeichnen, nicht aber positiv, um Dinge zu bezeichnen, wie sie an sich selbst sind. So heißt es: „Die Einteilung der Gegenstände in Phaenomena und Noumena, und der Welt in eine Sinnen- und Verstandeswelt, kann daher *in positiver Bedeutung* gar nicht zugelassen werden" (A 255, B 311). In diesem Fall ist das „Ding an sich" keine Entität, sondern ein stellvertretender Ausdruck für das unrealisierbare Ideal perspektivenfreier Erkenntnis.

Die Zweideutigkeit in Kants Darstellung zeigt sich beim Ausdruck „Erscheinung", der manchmal in einem transitiven, manchmal in einem intransitiven Sinne gebraucht wird. Gelegentlich formuliert Kant so, als seien Erscheinungen „Erscheinungen von" etwas, dessen Realität uns verborgen ist. Dann wieder formuliert er so, als wären Erscheinungen unabhängige Entitäten, die ihren Namen dem Umstand verdanken, daß wir ihre Beschaffenheit beobachten und feststellen. In diesem zweiten Sinne entspricht der Ausdruck „Erscheinung" unserer Idee eines physikalischen Objekts: Eine Erscheinung läßt sich beobachten; sie ist im Raum lokalisiert; sie steht in Kausalbeziehungen zu anderen Erscheinungen und zu dem Wesen, das sie beobachtet. Sie unterliegt wissenschaftlichen Gesetzen und ist oder kann zum Untersuchungsgegenstand werden. Sie mag sein, wie sie erscheint, oder auch anders, als sie erscheint. Sie kann sowohl sekundäre Qualitäten (Qualitäten, die ein Gegenstand nur im Blick auf eine bestimmte Sinneserfahrung besitzt) als auch primäre Qualitäten (Qualitäten, die zu ihrer inneren Beschaffenheit gehören) aufweisen (A 28 f.). Kurzum: Erscheinungen besitzen alle Eigenschaften physikalischer Objekte. Dann ist es sicherlich verwirrend zu sagen, eine Erscheinung sei ebenso eine Erscheinung *von* etwas. Denn Kants eigener Theorie zufolge könnte das „etwas“, das einer Erscheinung auf diese Weise zugrunde liegen soll, nur ein „Noumenon“ sein, aber über Noumena läßt sich nichts Bestimmtes aussagen. Vor allem macht es keinen Sinn (oder es ist zumindest inhaltsleer) zu sagen, daß ein Noumenon eine Erscheinung verursacht oder in irgendeiner anderen Beziehung zu ihr steht. (Kants Kritiker – wie etwa Mendelssohn und G. E. Schulze – haben diesen Punkt schnell herausgegriffen und in ihm die prinzipielle Schwäche der Transzendentalphilosophie gesehen.) Manchmal formuliert Kant in der Tat so, als sei jedes Objekt die Erscheinung *von* irgendeinem „Ding an sich“. Da das aber mit seiner Erkenntnistheorie nicht zusammenpaßt (die ihm weder zu erkennen noch überhaupt zu meinen erlaubt, was er zu sagen vorgibt), müssen wir das Ding an sich vorläufig als Nichtentität betrachten. Wir werden sehen, daß es gewichtige Gegengründe gab, die Kant dazu brachten, seine eigene Theorie zu bestreiten. Doch wenn wir den weiteren Gedankengang nachvollziehen wollen, sollten wir diese Gründe und die sich aus ihnen ergebenden Konsequenzen an dieser Stelle erst einmal beiseite lassen.

Phaenomena und Noumena

Die erste Auflage der *Kritik* enthielt eine ausführliche Darstellung der Theorie des transzendentalen Idealismus. Sie wurde in der zweiten Auflage von Kant gestrichen, vermutlich deshalb, weil sie jener eben skizzierten Zweideutigkeit zuviel Auftrieb gab. Kant fügte daher ein Kapitel unter der Überschrift „Die Widerlegung des Idealismus" (siehe oben S. 51–54) ein, das das Ziel verfolgte, einen positiven Objektivitätsbeweis zu liefern und den Berkeley zugeschriebenen „empirischen Idealismus" zu widerlegen. Zum empirischen Idealismus gehört die Auffassung, daß „empirische" Objekte nichts als Wahrnehmungen darstellen und die Welt der Wissenschaft über die Erfahrung des Beobachters hinaus keine Realität besitzt. Alle empirischen Objekte werden zu „idealen" Entitäten, denen – abgesehen davon, daß wir sie wahrnehmen – keine Realität zukommt. Im Gegensatz dazu vertritt Kant die Auffassung, daß der transzendentale Idealismus eine Fassung des empirischen Realismus darstellt: Er impliziert, daß empirische Objekte real sind.

Kants Behauptung, daß der transzendentale Idealismus einen empirischen Realismus impliziert, ist schwierig zu interpretieren. Beispielsweise meint er, daß Raum und Zeit empirisch real *und* transzendental ideal seien (A 28, B 44). Das könnte folgendes bedeuten: In empirischer Perspektive erkennen wir die Realität von Raum und Zeit an, während sie vom transzendentalen Standpunkt aus „nichts" (ebd.) sind. Allerdings ist die Vorstellung eines transzendentalen Standpunktes, wie Kant selbst feststellt, hochgradig umstritten. Es handelt sich um keinen Standpunkt, der uns zugänglich ist, und daher nicht um etwas, von dem wir eine positive Vorstellung haben könnten. Eine einfachere Lesart der Kantischen Theorie lautet folgendermaßen: Empirische Objekte sind real, während transzendentale Objekte ideal sind. Ein transzendentales Objekt ist nicht wahrnehmbar und gehört nicht zur Welt von Raum, Zeit und Kausalität. Leibniz' „Monade" ist ein solches Objekt und muß daher immer eine bloße Idee im Kopf dessen bleiben, der sie denkt – ohne unabhängige Realität. Doch was sind empirische Objekte? Die einleuchtendste Antwort lautet: „Diejenigen Objekte, die durch Erfahrung aufgefunden oder postuliert werden".

Das eben Gesagte formuliert eine metaphysische Sichtweise, die exakt mit der Kantischen Erkenntnistheorie übereinstimmt. Letzten Endes ist es ohne Belang, ob wir die Unterscheidung zwischen dem empirischen und dem transzendentalen Objekt als eine Unterscheidung auffassen zwischen dem, was existiert, und dem, was nicht existiert, oder als eine Unterscheidung zwischen dem, was erkennbar ist, und dem, was nicht erkennbar ist. Denn, so hat es Wittgenstein einmal gesagt, ein Nichts ist genauso gut wie ein Etwas, über das nichts gesagt werden kann. Es hat daher den Anschein, daß die Unterscheidung erneut jener zwischen Phaenomena und Noumena entspricht, indem erstere erkennbar, letztere hingegen unerkennbar sind. Denn der Begriff des Noumenon läßt sich ausschließlich negativ einsetzen, um die Grenzen der Erfahrung aufzuweisen. Alle Noumena sind transzendentale Objekte, und alle transzendentalen Objekte – insofern sie lediglich „intelligibel" (d.h. nicht durch Erfahrung zugänglich) sind – sind Noumena. So könnte es scheinen, daß die drei Unterscheidungen ineinanderfallen: Phaenomenon und Noumenon; empirisches Objekt und transzendentales Objekt; Erscheinung und Ding an sich. In einer ausführlichen Auseinandersetzung mit Leibniz, die zwischen der Analytik und der Dialektik steht, ist es letztendlich genau das, was Kant behauptet (besonders A 288 f., B 344–346). Viele Forscher lehnen diese Interpretation ab; aber mir scheint, daß wir ohne sie Kant ein größeres Maß an Widersprüchlichkeit zuschreiben müßten, als es angesichts seiner sonstigen Schärfe im Denken angemessen wäre.

Es ist daher nicht überraschend zu sehen, daß die Zweideutigkeit, die Kants Lehre von der „Erscheinung" umgibt, auch seinen Begriff des „Phänomens" betrifft. Dieser Ausdruck wird zuweilen so interpretiert, daß er ein reales, wahrnehmbares Objekt bezeichnet, das unabhängig vom Beobachter existiert, zuweilen aber auch so, daß er eine mentale „Repräsentation" (oder, im modernen Sprachgebrauch, ein „intentionales Objekt") bezeichnet. Unter der letzteren Interpretation wird das Phänomen subjektiv (es ist, wie es erscheint, und es erscheint, wie es ist). Der Nachweis seiner Existenz liefert keine Objektivitätsgarantie. Es würde dann kein nen-

nenswerter Unterschied mehr bestehen zwischen Kants Auffassung (daß wir zu einer Erkenntnis der Phänomene gelangen können) und dem empirischen Idealismus, den er zu widerlegen beansprucht. Selbst Leibniz gestand unserer „Perspektive" mehr Objektivität zu als der empirische Idealist, indem er den Begriff des „wohlbegründeten Phänomens" einführte (siehe oben S. 29). Diesem zufolge reicht die Beständigkeit von Erscheinungen aus, um die Unterscheidung zwischen Sein und Schein zu rechtfertigen. Sicherlich hat Leibniz' Zugang zur „phänomenalen Welt" Kant beeinflußt, vielleicht sogar mehr, als er selbst zugeben mochte. Aber Kant wollte im Blick auf eine Begründung der Erscheinungswirklichkeit darüber hinausgehen und nicht dahinter zurückfallen.

Daraus ergibt sich in aller Deutlichkeit, daß die einzig akzeptable Deutung der Ausdrücke „Phänomen", „Erscheinung" und „empirisches Objekt" diese auf Größen in der physikalischen Welt beziehen muß. Erscheinungen umfassen Tische, Stühle und andere in dieser Weise sichtbare Dinge; dazu gehören auch Entitäten, die nur durch ihre Wirkungen beobachtbar sind, wie etwa Atome (A 442, B 470) und auch die entferntesten Sterne (A 496, B 524). Diesen „theoretischen" Entitäten kommt weiterhin die Art von Realität zu, die mit der Existenz in Raum und Zeit sowie der durch die Kategorien gegebenen Ordnung verbunden ist. Sie sind überdies wahrnehmbar in dem Sinne, daß sie in bestimmten Kausalverhältnissen zu dem Gemüt stehen, das sie erkennt. Mit anderen Worten: Ein jedes Objekt wissenschaftlicher Forschung ist ein „Phänomen", und alle Phänomene sind im Prinzip erkennbar. Aber es ist nichts anderes erkennbar: „Uns ist wirklich nichts gegeben, als die Wahrnehmung und der empirische Fortschritt von dieser zu anderen möglichen Wahrnehmungen" (A 493, B 521). Entsprechend gilt für Kants Verständnis eines Noumenons: Es ist „nicht der Begriff von einem Objekt", sondern eine „unvermeidlich mit der Einschränkung unserer Sinnlichkeit zusammenhängende Aufgabe" (A 287, B 344).

Das Unbedingte

Kants Absicht in der Dialektik besteht in dem Nachweis, daß wir die „Welt, wie sie ist" – die Welt, wie sie jenseits der Perspektive des Erkennenden ist –, nicht erkennen können. Wir dürfen nicht, wie Kant es nennt, nach „unbedingter" Erkenntnis streben. Doch zugleich scheint gerade das unvermeidlich zu sein. Immer, wenn wir etwas argumentativ begründen, setzen wir die Wahrheit der jeweiligen Prämisse voraus. Die Prämisse gibt also die „Bedingung" an, unter der die Schlußfolgerung wahr ist. Doch was ist mit der Wahrheit dieser Bedingung? Sie muß ebenfalls argumentativ begründet werden; es zeigt sich, daß ihre Wahrheit nur „bedingte" Geltung hat. Aus diesem Grund verleitet uns die Vernunft (in ihrer Gestalt als Schlußvermögen) unvermeidlich zur Suche nach dem „Unbedingten", nach der letzten Prämisse, deren Wahrheit sich keinem anderen Ursprung verdankt. In dieser „Idee" der Vernunft liegt die Quelle allen metaphysischen Scheins begründet. Denn alle Erkenntnis, die wir legitimerweise behaupten können, unterliegt den „Bedingungen" möglicher Erfahrung. Das Verlangen nach einer Erkenntnis des Unbedingten ist ein Verlangen über die Bedingungen hinaus, die Erkenntnis überhaupt möglich machen.

Das Streben nach Transzendenz ist, Kant zufolge, unvermeidlich. Wir suchen nicht nur die Bedingungen zu transzendieren, die in der Möglichkeit von Erfahrung beschlossen liegen. Wir suchen auch die Welt zu erkennen, „wie sie ist", unabhängig von den Bedingungen, unter denen sie durch solche Kategorien wie Substanz und Kausalität zum Gegenstand werden kann. Diese Bemühungen laufen in Wirklichkeit auf ein und dasselbe hinaus; denn die beiden Gruppen von Bedingungen sind, wie die Analytik zeigt, identisch. In beiden Fällen steht die Annäherung der Vernunft an das „Unbedingte" im Zeichen des Interesses, zu einer Erkenntnis zu kommen, die durch keine Perspektivität verfälscht ist. Die Vernunft strebt stets danach, die Welt so zu sehen, wie Leibniz sie gesehen hat: frei von aller Perspektivität.

„Reine Vernunft"

Vom Standpunkt der Kantischen Erkenntnistheorie aus muß die Vernunft als das höchste Erkenntnisvermögen angesehen werden, unter welches all das fällt, was zur Selbsterkenntnis gehört. Abgesehen von ihrem Verstandesgebrauch (in der Bildung von Urteilen) läßt sich die Vernunft legitim auf zweierlei Weise einsetzen: in praktischer Hinsicht und im Ziehen von Schlüssen. Die praktische Vernunft kann nicht als Zweig des Verstandes angesehen werden, da sie keine Urteile hervorbringt (sie sagt nicht, ob etwas wahr oder falsch ist). Gleichwohl ist ihr Gebrauch legitim: Ich kann darüber nachdenken, was zu tun ist, und meine Handlung kann ein begründetes Ergebnis dieses Prozesses darstellen. Das Schließen, das Verfahren, aus einem Urteil die logischen Konsequenzen abzuleiten, ist ebenso rechtmäßig. Doch anders als der Verstand gebraucht das Schlußvermögen keine eigenen Begriffe (denn ein Schluß, der gewissermaßen der Prämisse „einen Begriff hinzufügt", ist eben aus diesem Grund ungültig).

Erst wenn die *reine* Vernunft sich unserer Gedanken bemächtigt, beginnt die „Logik des Scheins" uns zu betören. Die reine Vernunft ist dadurch gekennzeichnet, daß sie für sich selbst Urteile zu bilden versucht, unter Rückgriff nicht auf Begriffe, sondern auf „Ideen", die keinen empirischen Bedingungen mehr unterliegen. Die Logik des Scheins ist „dialektisch": Sie endet unvermeidlich in Irrtum und Widerspruch. Diese Tendenz zum Fehlschluß ist nicht zufällig, sondern der Vernunft immanent. Es gibt keinen Weg, auf dem sie zu einer Erkenntnis der Welt durch „Ideen" kommen und die Fehler vermeiden könnte, die ihr dabei auflauern. Diese Fehler sind schon begangen worden, sobald wir nur die erkennbaren Bereiche der Erfahrung verlassen und uns auf den Weg zu einer „unbedingten" Welt jenseits ihrer machen. Doch zugleich gibt es keine Möglichkeit, wie wir der Versuchung entgehen könnten, diesen vergeblichen Weg zum Transzendenten zu beschreiten. Die bloße Tatsache, daß wir aus einem bestimmten Blickwinkel heraus die Welt betrachten, läßt die „Idee" einer Welt aufkommen, die ohne jeden Blickwinkel betrachtet wird. Wir bemühen uns daher stets, „zu dem bedingten Erkenntnisse des Verstandes das Unbedingte zu finden, womit die Einheit desselben vollendet wird" (A 307, B 364).

Reine Vernunft und Metaphysik

Ich habe bereits auf Kants wichtige Einteilung der spekulativen Metaphysik in drei Disziplinen hingewiesen. In der „transzendentalen Psychologie" entwickelt die Vernunft ihre Auffassungen von der Seele; in der rationalen Kosmologie versucht sie die Welt in ihrer „unbedingten Totalität" zu beschreiben; in der Theologie entfaltet sie die Idee eines perfekten Wesens, das in einer transzendenten Welt herrscht. Durch geschickte, wenn auch etwas künstlich wirkende Zuordnung bringt Kant diese Einteilung mit der traditionellen Auffassung in Übereinstimmung, daß „die Metaphysik ... zum eigentlichen Zwecke ihrer Nachforschung nur drei Ideen: *Gott*, *Freiheit* und *Unsterblichkeit*" hat (B 395 Anm.). Die Idee der Freiheit wird nämlich der Kosmologie zugeordnet, und zwar aus dem Grund, daß sich alle dieser Idee entstammenden metaphysischen Probleme aus der Überzeugung ergeben, es gebe jemanden – ein moralisches Wesen –, der sich sowohl innerhalb als auch außerhalb der natürlichen Welt befinde. Dabei handelt es sich um eine der wichtigsten Theorien Kants. Ihre Darstellung werde ich jedoch bis zum folgenden Kapitel zurückstellen.

Kosmologie

Die Scheinschlüsse der Kosmologie werden „Antinomien" genannt. Bei einer „Antinomie" handelt es sich um den eigentümlichen Fehlschluß, der uns in die Lage versetzt, eine Behauptung und ihre Negation aus derselben Prämisse abzuleiten. Kant zufolge sind Antinomien keine echten Widersprüche, da beide Aussagen, die sie konstituieren, falsch sind, indem sie auf einer falschen Voraussetzung beruhen. Er nennt „dergleichen Entgegensetzung die *dialektische,* die des Widerspruchs aber die *analytische Opposition*" (A 504, B 532). Er bietet verschiedene umständliche Erklärungen an, wie eine Aussage und ihre Negation zugleich falsch sein können. Es ist wohl nicht nötig, daß wir uns durch dieses verwirrende Logikkapitel aufhalten lassen. Kant will darauf hinaus, daß man in der Ableitung beider Seiten einer Antinomie jeweils dieselbe falsche Voraussetzung gemacht haben muß. Das Ziel seiner „Kritik" besteht nun darin, diese falsche Voraussetzung aufzuspüren und zu zeigen, daß sie der Anwendung einer der Vernunftideen entstammt. Die Voraussetzung, die der Kosmologie zugrunde liegt, lautet, daß wir über die Welt in ihrer „unbedingten Totalität" nachdenken können. Das wäre aber nur dann möglich, wenn wir den Standpunkt „möglicher Erfahrung" überschreiten und versuchen, die Natur von einem Standpunkt außerhalb ihrer als ein Ganzes zu betrachten. Der illusionäre Charakter dieser Idee zeigt sich in dem Umstand, daß sich aus der Prämisse einer solchen transzendenten Perspektive ein „dialektischer" Widerspruch ergibt.

Angenommen zum Beispiel, daß ich mir erlaube, die Idee einer Einheit der natürlichen Welt zu bilden, wie sie in Raum und Zeit verortet ist. Wenn ich nun versuche, diese Idee in einem Urteil anzuwenden, muß ich über mein empirisches Sichtfeld hinausgehen, um die Totalität aller Erfahrungsgegenstände erfassen zu können. Ich muß versuchen, mir die Natur im ganzen vorzustellen, unabhängig von meiner besonderen Perspektive innerhalb ihrer. Wenn ich das tun könnte, könnte ich mich fragen: Ist diese Totalität in Raum und Zeit begrenzt oder unbegrenzt? Ich sehe mich nun gleichermaßen in der Lage, beide Schlußfolgerungen zu beweisen. Beispielsweise kann ich beweisen, daß die Welt einen Anfang in der Zeit haben muß (andernfalls müßte bereits eine unendliche Abfolge von Ereignissen verstrichen sein, und Kant zufolge ist „vollständige Unendlichkeit" eine unsinnige Idee). Ich kann ebenso beweisen, daß sie keinen Anfang in der Zeit haben darf (denn wenn sie einen Anfang hätte, müßte es einen Grund geben, warum sie begann, als sie begann, was auf die unsinnige Voraussetzung hinausläuft, daß eine bestimmte Zeit eine kausale Eigenschaft besitzt, ein Vermögen, etwas unabhängig von den stattfindenden Ereignissen „ins Dasein zu bringen").

Ein ähnlicher Widerspruch läßt sich aus der Voraussetzung ableiten, daß die Welt im ganzen eine Erklärung für ihre Existenz beinhaltet. Auf der Grundlage dieser Voraussetzung kann ich beweisen, daß die Welt kausal selbständig ist und aus einer unendlichen Ursachenkette besteht, die jeden Zeitpunkt mit dem vorhergehenden verknüpft. Denn die Idee eines Anfangs dieser Kette – die Idee einer „ersten Ursache" – ist unsinnig, da sie automatisch zu der Frage führt: „Was verursachte den Anfang?" und es auf diese Frage keine stimmige Antwort gibt. Ich kann gleichermaßen beweisen, daß die Welt kausal abhängig ist und ihre Existenz einem Wesen verdankt, welches die „Ursache seiner selbst" oder *causa sui* ist. Denn wenn es ein solches Wesen nicht gäbe, würde keine der Ursachen in der Abfolge der Natur die Existenz ihrer Wirkungen erklären. In diesem Fall hätte nichts in der Natur eine Erklärung, und es wäre unmöglich zu sagen, warum überhaupt irgend etwas existieren sollte.

Solche Antinomien entstehen aus dem Versuch, über die Perspektive der Erfahrung hinaus zu einem absoluten Aussichtspunkt zu gelangen, von dem sich die Totalität der Dinge (und damit der Welt, „wie sie an sich selbst ist") überblicken läßt. Wenn wir annehmen, die Natur sei ein Ding an sich – d.h. wenn wir vom Begriff der Natur den Bezug auf irgendeine mögliche Erfahrung abziehen, durch welche sie beobachtet wird –, dann sind die Beweise der Antinomien wohlbegründet: „Der Widerstreit der daraus gezogenen Sätze entdeckt aber, daß in der Voraussetzung eine Falschheit liege, und bringt uns dadurch zu einer Entdeckung der wahren Beschaffenheit der Dinge, als Gegenstände der Sinne" (A 507, B 537). Die Idee einer „absoluten Totalität" gilt nur für „Dinge an sich selbst" (A 506, B 534), was bedeutet: Sie gilt für nichts Erkennbares. Der Begriff der Ursache zum Beispiel, den wir innerhalb des Bereichs empirischer Gegenstände gebrauchen können, um deren Verhältnisse zu bestimmen, wird leer, wenn er aus diesem Bereich herausgenommen und auf die Welt im ganzen angewandt wird. Er wird dann jenseits der empirischen Bedingungen in Anschlag gebracht, die seinen Gebrauch rechtfertigen, und führt so unvermeidlich zu einem Widerspruch.

Dennoch, so Kant, dürfen diese Antinomien nicht leichthin als Fehler abgetan werden, die kaum, daß sie erkannt, schon überwunden sind. Die Voraussetzung einer Totalität, die sie aufkommen läßt, ist Ursache und Wirkung all dessen, was in der Wissenschaft von höchster Bedeutung ist. Angenommen, wir akzeptieren die „Urknall"-Hypothese zur Entstehung des Universums. Nur eine kurzsichtige Person könnte denken, daß wir dann die Frage beantwortet haben, wie die Welt begann. Denn was verursachte den Knall? Jede Antwort wird voraussetzen, daß bereits etwas existiert hat. Daher kann die Hypothese nicht den Ursprung der Dinge erklären. Die Suche nach einem Ursprung führt uns immer weiter in die Vergangenheit zurück. Aber entweder läßt sie sich nicht befriedigend zu einem Ende bringen – in diesem Fall stellt sich die Frage, wie die Kosmologie die *Existenz* der Welt erklärt –, oder sie wird mit dem Postulat einer *causa sui* zum Stillstand gebracht – in diesem Fall aber haben wir die wissenschaftliche Frage unbeantwortet gelassen und sind in die Theologie ausgewichen. Die Wissenschaft selbst treibt uns in die Antinomie, indem sie uns immer wieder bis an die Grenzen der Natur drängt. Aber wie kann ich diese Grenzen kennen, wenn ich sie nicht auch überschreiten kann?

Kant müht sich um eine eingehende Untersuchung der Antinomien und vertritt die Auffassung, daß die beiden Seiten jeweils dem Rationalismus und dem Empirismus entsprechen. Daher ergreift er die Gelegenheit, erneut die verschiedenen Irrtümer dieser

Philosophien darzulegen. Die sich daraus ergebende Diskussion ist äußerst komplex und hat zu mehr philosophischen Kommentaren Anlaß gegeben als irgendeine andere Frage in der ersten *Kritik*. Kants Liebe zum System führt ihn dazu, Argumente von sehr unterschiedlicher Relevanz und Qualität miteinander zu verknüpfen. Doch hinter der Überfülle von Gedanken steht eine der scharfsinnigsten methodologischen Erörterungen, die je aus der Feder eines Philosophen geflossen ist. Die Lektüre von Kants Erörterung hat auf so verschiedene Leute wie Hegel und Einstein gewirkt, und nur wenigen gelingt es, sich nicht von den Problemen verwirren zu lassen, die Kant aufgeworfen hat. Wie *kann* ich die Welt in ihrer Totalität betrachten? Und wie kann es überhaupt noch eine Erklärung geben, wenn ich es nicht kann? Wie kann ich die Existenz von irgend etwas erklären, wenn ich nicht die Existenz von allem erklären kann? Wenn ich für immer auf meine eigene Perspektive beschränkt bin, wie kann ich in das Geheimnis der Natur eindringen?

Theologie

Ich habe die erste und die vierte der Kantischen Antinomien behandelt. Die letztere führt uns zur Theologie und zu Kants anschließendem Vorschlag, daß die Idee einer *causa sui* für sich betrachtet leer sei und im Urteilen nur so gebraucht werden könne, daß daraus ein Widerspruch entsteht. Im Kapitel „Das Ideal der reinen Vernunft" unterzieht Kant die traditionellen Argumente für die Existenz Gottes einer erneuten Prüfung und faßt sie in einer nunmehr berühmten Klassifikation zusammen. So gibt es seiner Auffassung nach nur drei Arten von Gottesbeweisen: den „kosmologischen", den „ontologischen" und den „physikotheologischen". Der erste umfaßt alle Argumente, die von einem beliebigen Faktum in der Welt und der Frage: „*Warum* ist es so?" ausgehen und schließlich die Existenz eines notwendigen Wesens behaupten. Eine Version davon stellt das oben skizzierte Argument einer „ersten Ursache" dar: Nur wenn die Reihe der Ursachen in einer *causa sui* ihren Anfang nimmt, läßt sich ein zufälliges Faktum letztlich erklären. Von der zweiten Art sind alle Argumente, die von zufällig gewählten Prämissen (die, da möglicherweise falsch, auch bezweifelt werden können) absehen und die Existenz Gottes aus dem Begriff Gottes zu beweisen versuchen. Von der dritten Art sind alle teleologischen Gottesbeweise, die von der Prämisse irgendeines Guten in der Natur ausgehen und per Analogie auf die Perfektion seiner Ursache schließen.

Über den teleologischen Gottesbeweis sagt Kant: „Dieser Beweis verdient jederzeit mit Achtung genannt zu werden. Er ist der älteste, kläreste und der gemeinen Menschenvernunft am meisten angemessene. Er belebt das Studium der Natur, so wie er selbst von diesem sein Dasein hat und dadurch immer neue Kraft bekommt" (A 623, B 651). In der dritten *Kritik* führt er genauer aus, warum ihn dieses Argument so fasziniert. Kant war kein Atheist, und er fühlte sich durch Humes posthume *Dialogues on Natural Religion* beunruhigt, deren deutsche Übersetzung erschien, als die *Kritik* im Druck war. Kant hatte Zeit, über Humes Motive nachzudenken, aber nicht, seine Argumente zu erwägen (A 745, B 773). Hume nimmt einiges von Kants eigener Kritik der rationalen Theologie vorweg. Dabei äußert er sich besonders vernichtend über den teleologischen Gottesbeweis und stellt fest, daß er entweder überhaupt nichts beweise (da es keine echte Analogie gebe zwischen den Vollkommenheiten der Natur und den Vollkommenheiten menschlichen Schaffens) oder bestenfalls nur die Existenz eines Wesens, das nicht vollkommener ist als die von ihm geschaffene Welt. Kant war zwar ebenfalls unzufrieden mit dem teleologischen Gottesbeweis. Doch obgleich er ihn als ungültig auffaßte, meinte er darin eine richtige Intuition ausgedrückt zu finden. Daher versuchte er eine gänzlich neue Erklärung vorzubringen – aus der Perspektive nicht der ersten, sondern der dritten *Kritik*.

Als intellektueller Beweis betrachtet, hat der teleologische Gottesbeweis keine größere Überzeugungskraft als der kosmologische Beweis, auf dem er beruht (A 630, B 658). Denn der teleologische Gottesbeweis kann nur unter der Voraussetzung einer letzten Begründung überhaupt angesetzt werden. Dieser Voraussetzung kommt aber keine Bedeutung zu, es sei denn, der kosmologische Beweis ist gültig. Wir müssen zeigen, daß wir uns außerhalb der Natur stellen können, um die Existenz eines transzendenten, notwendigen Wesens zu behaupten. Aber was berechtigt uns, die Existenz eines solchen Wesens zu behaupten? Kant zufolge vermag nur das ontologische Argument diese Frage zu beantworten. Denn wenn wir uns selbst fragen, wie etwas die Ursache seiner selbst sein kann oder wie es notwendig zu existieren vermag, muß die Antwort im Begriff der Sache selbst gefunden werden. Der Begriff des göttlichen Wesens muß seine Existenz erklären. Das kann nur dann wahr sein, wenn die Existenz Gottes aus dem Begriff Gottes *folgt*, da ein Begriff nur vermittels logischer Relationen irgend etwas erklären kann. So reduzieren sich am Ende alle drei Argumente auf dieses eine.

In seiner traditionellen Gestalt beweist das ontologische Argument nicht nur die Existenz, sondern auch die Vollkommenheit Gottes. Keines der anderen Argumente scheint in der Lage zu sein, Gottes absolute Vollkommenheit zu beweisen. Auch in dieser Hinsicht müssen sie auf das ontologische Argument zurückgreifen, um dem religiösen Gefühl intellektuelle Gründe liefern zu können. Das ontologische Argument geht folgendermaßen vor: Gott ist in jeder Hinsicht vollkommen. Zu seinen Vollkommenheiten müssen wir moralische Güte, Macht und Freiheit zählen. Doch wir müssen auch die Existenz dazu zählen. Denn der Begriff eines existierenden x ist der Begriff von etwas Vollkommenerem als x; die Existenz auszuklammern bedeutet, die Vollkommenheit einzuschränken. Die Existenz ist also eine Vollkommenheit. Daher folgt aus der Idee Gottes als eines in jeder Hinsicht vollkommenen, daß Gott existiert.

Kants Widerlegung dieses Gottesbeweises ist dafür berühmt,

daß es eine Einsicht der modernen Logik vorwegnimmt – die Auffassung nämlich, daß die Existenz kein Prädikat ist. (Wenn ich sage, daß Johannes existiert, eine Glatze hat und Austern ißt, schreibe ich Johannes nicht drei, sondern nur zwei Eigenschaften zu). Leibniz hatte in seiner Beschäftigung mit der Kontingenz bereits erkannt, daß sich die Existenz von gewöhnlichen Prädikaten grundsätzlich unterscheidet. Dennoch akzeptierte er den ontologischen Gottesbeweis und übersah die logische Konsequenz seiner Einsicht. Zu sagen, daß ein x existiert, fügt seinem Begriff nichts hinzu: Es bedeutet lediglich zu sagen, daß der Begriff einen Anwendungsfall hat. In der Tat liegt bereits ein Fehlschluß vor (Kant selbst spricht von einem Widerspruch), wenn die Existenz zum Begriff eines Dinges gezählt wird (A 597, B 625). Denn es wird dann überflüssig zu behaupten, daß das Ding existiert. Die Behauptung kommt nämlich nicht vom Begriff zur Realität. Und damit bekräftigt sie die Existenz von gar nichts. Das ontologische Argument spricht davon, daß die Existenz eine Vollkommenheit sei. Aber sie kann keine Vollkommenheit sein, da sie keine Eigenschaft ist. Wenn das Argument gültig wäre, meint Kant, würde daraus folgen, daß das Urteil „Gott existiert" eine analytische Wahrheit zum Ausdruck bringt. Die Auffassung, daß die Existenz kein Prädikat ist, erlaubt jedoch den Schluß, daß alle Existenzaussagen synthetisch sind (A 598, B 626).

Der regulative Gebrauch der Vernunftideen

Nachdem er die „Logik des Scheins" hinreichend gebrandmarkt hat, fährt Kant in beachtlicher Ausführlichkeit und mit dem entspannten, mitteilsamen Stil eines Autors, dessen intellektuelle Arbeit erledigt ist, damit fort, daß es trotz allem einen legitimen Gebrauch für die Vernunftideen gebe. Solche Ideen wie die einer unbedingten Totalität oder eines vollkommenen Schöpfers, der notwendig existiere, führen zu Irrtum und Schein, wenn sie in ihrer „konstitutiven" Funktion betrachtet werden: das heißt, wenn sie als Beschreibungen der Wirklichkeit aufgefaßt werden. Die korrekte Weise jedoch, mit ihnen umzugehen, besteht darin, sie als „regulative Prinzipien" aufzufassen (A 644, B 672). Wenn wir handeln, als ob diese Ideen hinsichtlich der Realität wahr wären, werden wir in die Lage versetzt, wahre Hypothesen zu formulieren. Die Ideen von Ordnung und Totalität beispielsweise bringen uns dazu, immer weiterreichende und einfachere Gesetze zu erarbeiten, mit Hilfe derer die empirische Welt immer verständlicher wird. Dieser „regulative" Gebrauch der Ideen ist ein Gebrauch vom Standpunkt der Erfahrung aus. Der konstitutive Gebrauch versucht diesen Standpunkt auf den trügerischen Bereich der Vernunft hin zu überschreiten. Die Widersprüche stammen nicht aus den Ideen selbst (welche nicht widersprüchlich, sondern nur leer sind); sie stammen aus ihrem falschen Gebrauch.

Also ist „das Ideal des höchsten Wesens ... nach diesen Betrachtungen nichts anderes, als ein *regulatives Prinzip* der Vernunft, alle Verbindung in der Welt so anzusehen, *als ob* sie aus einer allgenugsamen notwendigen Ursache entspränge" (A 619, B 647). So betrachtet sind die Vernunftideen nicht die Quelle von Schein, sondern von Erkenntnis. Die Erkenntnis, zu der sie führen, bleibt umgrenzt von den Bedingungen möglicher Erfahrung. Mit anderen Worten: Sie entsprechen den Kategorien und greifen nicht über deren legitimen Gebrauch in einen transzendenten Bereich hinaus. Die Idee ist ein Begriff, der anzeigt, „nicht wie ein Gegenstand beschaffen ist, sondern wie wir, unter der Leitung desselben, die Beschaffenheit und Verknüpfung der Gegenstände der Erfahrung überhaupt *suchen* sollen" (A 671, B 699). Damit wird die Vernunft von ihren vergeblichen Spekulationen auf die empirische Welt zurückgeführt; an die Stelle des Scheins der Metaphysik tritt die Realität der empirischen Wissenschaft.

Kants Auseinandersetzung mit der Seele und dem Begriff des „Selbst“, dem sie ihre anfängliche Beschreibung verdankt, gehört zu den subtilsten Teilen seiner Philosophie. Die Darstellung umfaßt zwei komplexe Gedankengänge: Der erste findet sich am Anfang der Dialektik, dort attackiert er die rationalistischen Seelenlehren; die zweite findet sich in der dritten Antinomie und in der *Kritik der praktischen Vernunft,* dort beschreibt er die Beschaffenheit der Moralität.

Die „Paralogismen der reinen Vernunft“, die sich mit den rationalistischen Auffassungen der Seele auseinandersetzen, wurden für die zweite Auflage einer vollständigen Überarbeitung unterzogen, vielleicht deshalb, weil dieser Teil der kritischen Philosophie zu jener facettenreichen Argumentation der transzendentalen Deduktion gehört, mit der Kant so unzufrieden gewesen war. Kants Gedankengang hatte in der Analytik von der Erkenntnis seinen Ausgang genommen, daß das Selbstbewußtsein eine eigentümliche Realität aufweist. Ich habe ein privilegiertes Bewußtsein von meinen inneren Zuständen, und dabei handelt es sich um einen „originären“ oder „transzendentalen“ Akt des Verstandes. Die Rationalisten hatten sich bemüht, von diesem privilegierten Wissen aus eine bestimmte Theorie des Selbst abzuleiten. Sie waren der Meinung, daß das Selbst wegen der Unmittelbarkeit des Selbstbewußtseins ein genuiner Bewußtseinsgegenstand sein müsse. Im Akt des Selbstbewußtseins stehe ich dem „Ich“ gegenüber, das Bewußtsein hat. Ich kann an diesem Selbstbewußtsein selbst dann festhalten, wenn ich alles andere in Zweifel ziehe. Darüber hinaus bin ich mir notwendigerweise meiner Einheit bewußt. Schließlich habe ich ein intuitives Gespür für meine Kontinuität in der Zeit: Dieses läßt sich nicht aus der Beobachtung meines Körpers oder aus irgendeiner anderen äußeren Quelle ableiten. Es scheint daher natürlich zu sein, daraus den Schluß zu ziehen, daß ich allein aus der Tatsache des Selbstbewußtseins heraus mich selbst als substanzhaft, unteilbar, dauerhaft und vielleicht sogar unsterblich erkenne. Solchermaßen lautete Kant zufolge Descartes' Argumentation. Doch dieser Schluß stellt keinesfalls nur eine exzentrische Besonderheit der „cartesischen" Bewußtseinstheorie dar. Wie alle Täuschungen der Vernunft ist auch diese eine solche, zu der wir in dem Moment verleitet werden, in dem wir anfangen, über das vor uns liegende Gegebene nachzudenken. Jedes vernünftige Wesen muß in der Versuchung stehen zu denken, daß die eigentümliche Unmittelbarkeit und Unantastbarkeit des Selbstbewußtseins dessen Inhalt garantiert. Mitten in allem Zweifel kann ich doch um dieses Ding wissen, das mein ist. Außerdem versichert mir meine Vernunft, daß diese enge Vertrautheit mit meiner eigenen Natur den Glauben an die Immaterialität der Seele begründet.

Die Argumentation ist fehlerhaft, denn sie geht von der rein *formalen* Einheit der Apperzeption über zu jener wesenhaften Einheit, die in der Seelenlehre behauptet wird: „Die Einheit des Bewußtseins, welche den Kategorien zum Grunde liegt, wird hier für Anschauung des Subjekts als Objekts genommen, und darauf die Kategorie der Substanz angewandt" (B 421). Auch wenn mir die transzendentale Einheit der Apperzeption versichert, daß es in meinem gegenwärtigen Bewußtsein eine Einheit gibt, sagt sie mir weiterhin nichts über die Beschaffenheit ihres Trägers. Sie sagt mir nicht, daß ich eine Substanz bin (d. h. ein unabhängig existierender Gegenstand) im Unterschied zu einer hinzukommenden Eigenschaft. (Beispielsweise widerlegt sie nicht die Auffassung, daß der Geist eine komplexe Eigenschaft des Körpers darstellt.) Es ist „die Art, wie ich existiere, ob als Substanz oder als Akzidens, durch dieses einfache Selbstbewußtsein gar nicht zu bestimmen möglich" (B 420). Wenn ich aber nicht zu dem Schluß kommen kann, eine Substanz zu sein, kann ich noch viel weniger zu dem Schluß kommen, unteilbar, unzerstörbar oder unsterblich zu sein. Die Einheit des Bewußtseins versichert mich nicht einmal der Tatsache, daß es in der empirischen Welt etwas gibt, auf das der Ausdruck „Ich" zutrifft. Denn die eigentümlichen Charakteristika des

Selbstbewußtseins, die in die Idee einer transzendentalen Einheit der Apperzeption münden, sind schlichte Charakteristika einer „Perspektive“ auf die Welt. Das „Ich“, das dadurch beschrieben wird, bildet nicht einen Teil der Welt, sondern stellt eine Perspektive auf sie dar (eine Art und Weise, wie die Dinge erscheinen). „Denn das Ich ist gar kein Begriff, sondern nur Bezeichnung des Gegenstandes des inneren Sinnes, sofern wir es durch kein Prädikat weiter erkennen“ (PM 334). Die Eigentümlichkeiten unseres Selbstbewußtseins zu studieren, heißt dann nicht, einen Gegenstand *in* der Welt zu studieren. Es bedeutet vielmehr, jenen Grenzpunkt empirischen Wissens zu untersuchen: „Das Subjekt der Kategorien kann also dadurch, daß es diese denkt, nicht von sich selbst als einem Objekte der Kategorien einen Begriff bekommen“ (B 422). Es ist mir nicht besser möglich, das „Ich“ zu einem Gegenstand meines Bewußtseins zu machen, als die Grenzen meines eigenen Gesichtsfeldes zu beobachten. „Ich“ ist der Ausdruck für meine Perspektive, bezeichnet aber keinen Gegenstand innerhalb ihrer.

Kant zieht daraus folgenden Schluß: Es besteht ein Graben zwischen der Prämisse einer „transzendentalen Psychologie“ – der transzendentalen Einheit der Apperzeption – und ihrer Schlußfolgerung – der Substantialität der Seele. Da erstere eine Perspektive auf die Welt beschreibt, letztere hingegen einen Gegenstand in der Welt, ist es unmöglich, daß die Vernunft uns begründet vom einen zum anderen führt. Ob sie nun richtig ist oder nicht, Kants These bildete fortan den Grundstein vieler nachfolgender Philosophien des Selbst, von Schopenhauer bis hin zu Husserl, Heidegger und Wittgenstein.

Gelegentlich setzt Kant voraus, daß sich das „Ich“ des Selbstbewußtseins auf ein transzendentales Objekt bezieht. Denn es scheint, daß Kant uns mit seinem Beweis, das „Ich“ gehöre nicht zur empirischen Welt, einen Grund liefert, es auf die Welt des Ding an sich zu beziehen, die jenseits der Erfahrung liegt. Dabei handelt es sich allerdings nicht um eine legitime Schlußfolgerung aus seiner Argumentation, sondern im Gegenteil um eine andere, subtilere Wiederholung eben jenes Fehlschlusses, den sie offenlegen sollte. Dennoch handelt es sich um eine Schlußfolgerung, die Kant zu billigen geneigt war, da ohne sie, wie er meinte, Moralität nicht möglich wäre. Kant war um eine positive Seelenlehre bemüht – nicht im Rückgriff auf die reine Vernunft, sondern auf die praktische Vernunft (B 430 f.). Um diese Lehre verstehen zu können, müssen wir uns seiner Beschreibung des moralischen Lebens eines vernünftigen Wesens zuwenden.

5. Der kategorische Imperativ

Vor Kants *Kritik der praktischen Vernunft* erschien ein brillantes Resümee seines moralphilosophischen Ansatzes, die *Grundlegung zur Metaphysik der Sitten.* Beide Arbeiten beschäftigen sich mit der „praktischen" Vernunft: Mit der Verwendung dieses Ausdrucks erweckt Kant bewußt den alten Gegensatz zwischen theoretischer und praktischer Erkenntnis zu neuem Leben. Alle vernünftigen Wesen kennen den Unterschied zwischen dem Wissen um die Wahrheit und dem Wissen um das, was hinsichtlich ihrer zu tun ist. Urteile und Entscheidungen mögen zwar beide auf der Vernunft beruhen und vermittelst ihrer gefällt werden, doch nur erstere können wahr oder falsch sein. Es muß daher eine Gebrauchsweise unseres Vernunftvermögens geben, die nicht auf Wahrheit, sondern auf etwas anderes aus ist. Was ist dieses andere? Aristoteles meinte, es sei Glück; Kant spricht von Pflicht. Kants unverwechselbare moralische Sichtweise kommt in der Analyse des Pflichtbegriffs zum Ausdruck.

Angenommen, wir begründen die Objektivität des Urteils und liefern den notwendigen metaphysischen Unterbau für eben die wissenschaftlichen Prinzipien, die dem Prozeß der Forschung zugrunde liegen. Es bleibt dann noch ein anderes Objektivitätsproblem, das mehr von der praktischen als von der theoretischen Erkenntnis aufgebracht wird. Können wir objektiv erkennen, was zu tun ist, oder müssen wir uns einfach auf unsere subjektive Neigung verlassen, die uns leitet? Kant beschäftigt sich mit diesem Problem und erarbeitet eine metaphysische und abstrakte Grundlegung für die geläufigen moralischen Anschauungen, wie es sie bis dahin nicht gegeben hat.

Den Ausgangspunkt der Kantischen Ethik bildet der Begriff der Freiheit. Gemäß seiner berühmten Maxime „du kannst, denn du sollst" muß die richtige Handlung stets möglich sein – was bedeutet, daß ich stets die Freiheit besitzen muß, sie zu vollbringen. Der moralisch Handelnde urteilt, „daß er etwas kann, darum, weil er sich bewußt ist, daß er es soll, und erkennt in sich die Freiheit, die ihm sonst ohne das moralische Gesetz unbekannt geblieben wäre" (KpV 54). Mit anderen Worten: Die Praxis der Moralität zwingt uns die Idee der Freiheit auf. Kant zufolge beinhaltet diese Idee aber, theoretisch betrachtet, einen Widerspruch, und er entfaltet diesen Widerspruch in der dritten Antinomie der ersten *Kritik*.

Jede Veränderung, die sich im Gefüge der Natur ereignet, hat eine Ursache: Dies ist ein „begründetes Prinzip" der Analytik und „leidet keinen Abbruch" (A 536, B 564). Wenn dem so ist, dann ist jedes Ereignis in der Natur in die Ketten einer unentrinnbaren Notwendigkeit gelegt. Doch zugleich sehe ich mich selbst als den Verursacher meiner Handlungen an, indem ich sie spontan hervorbringe, ohne unter dem Einfluß äußerer Zwänge zu stehen. Wenn meine Handlung ein Teil der Natur ist, scheint dies im Widerspruch zu der Auffassung zu stehen, daß jedes Naturereignis durch kausale Notwendigkeit gebunden ist. Wenn meine Handlung kein Teil der Natur ist, fällt sie aus dem Bereich kausaler Verknüpfung heraus, und mein Wille verursacht nichts in der natürlichen Welt.

Es gibt hier nur dann einen Widerspruch, wenn ich wirklich frei *bin.* Kant gibt sich gelegentlich mit der Behauptung zufrieden, daß ich mich als frei *ansehen* muß. Es ist eine Voraussetzung allen Handelns in der Welt– und daher eine Voraussetzung vernünftiger Entscheidungen –, daß der Handelnde der Verursacher dessen ist, was er tut. Und Kant legt nahe, daß ich diese Idee nicht aufgeben kann, ohne damit die Vorstellung meiner selbst als eines Handelnden preiszugeben. Genau die Vernunftperspektive, die die Welt in der Weise betrachtet, daß sie durch die Fesseln der Notwendigkeit gebunden ist, betrachtet sie auch so, daß es in ihr Freiheit gibt. Gelegentlich geht Kant noch weiter und verteidigt den „Primat“ der praktischen Vernunft mit der These, daß *alles* Denken eine Betätigung der Freiheit sei, so daß, wenn es eine praktische Vernunft nicht geben könne, wir nicht zusammenhängend denken könnten. In diesem Fall ist die Gewißheit meiner Freiheit so sicher wie die Gewißheit von überhaupt nur irgend etwas. (Dieses Argument findet sich in eher rhetorischer Fassung in den Schriften von Sartre, dessen existentialistische Auffassung des moralischen Lebens Kant viel verdankt.) Wenn das stimmt, wird natürlich die Antinomie der Freiheit akut: Wir werden durch die praktische Vernunft gezwungen, uns als frei anzusehen, durch den Verstand jedoch genötigt, eben das zu bestreiten.

Kant glaubte, daß es für diese Antinomie eine Lösung geben müsse, denn im praktischen Gebiet ist der Gebrauch der Vernunft legitim. In der Tat ist es die praktische Vernunft, die mir sagt, was ich bin. Der trügerische Fortgang der reinen Vernunft hin zum Selbstwiderspruch darf nicht die Tätigkeit der *praktischen* Vernunft verbieten; durch sie muß daher die Antinomie ihre Auflösung finden. Die reine Vernunft läßt in ihrer Darstellung der Welt dort einen „leeren Platz“ zurück, wo der moralisch Handelnde sein sollte: „Diesen leeren Platz füllt nun reine praktische Vernunft, durch ein bestimmtes Gesetz der Kausalität in einer intelligibelen Welt (durch Freiheit), nämlich das moralische Gesetz, aus“ (KpV 85). Dieses neue „Gesetz der Kausalität“ nennt sich „transzendentale Freiheit“ und bestimmt die Bedingungen moralischen Handelns. Das Gesetz von Ursache und Wirkung gilt nur im Bereich der Natur (im empirischen Bereich). Freiheit jedoch gehört nicht zur Natur, sondern genau zu jenem „intelligiblen“ oder transzendentalen Bereich, innerhalb dessen Kategorien wie Kausalität keine Geltung haben. Ich existiere in der natürlichen Welt, als eine „Erscheinung“ unter anderen. Aber ich existiere ebenso als ein „Ding an sich selbst“, das nicht durch Kausalität, sondern durch die Gesetze der praktischen Vernunft verpflichtet ist. Es ist nicht so, daß ich *zwei* Dinge bin, vielmehr ein Ding, das unter zwei gegensätzlichen Aspekten betrachtet wird. Daß also „ein *Ding in der Erscheinung* (das zur Sinnenwelt gehörig) gewissen Gesetzen unterworfen ist, von welchen eben dasselbe, *als Ding* oder Wesen *an sich selbst*, unabhängig ist, enthält nicht den mindesten Widerspruch". Darüber hinaus muß der moralisch Handelnde stets „sich selbst aber auf diese zweifache Art vorstellen und denken" (GMS 117). Freiheit ist also eine transzendentale „Idee", die in der empirischen Welt nicht zur Anwendung kommt. Und indem wir uns selbst als frei erkennen, erkennen wir, daß wir zugleich Teil der Natur und Glieder einer transzendentalen Welt sind.

Das transzendentale Selbst

Die Konzeption der transzendentalen Freiheit ist ebenso verwirrend wie anziehend. Ihre Anziehungskraft liegt in dem Versprechen eines Zugangs zum Transzendentalen; ihr verwirrender Zug ergibt sich aus Kants früherem Nachweis, daß ein solcher Zugang unmöglich ist. Kants eigener Argumentation zufolge läßt sich von der transzendentalen Welt nichts wissen und über sie sinnvoll nichts aussagen. Kant erkennt diese Schwierigkeit und bezeichnet es als eine „paradoxe Foderung, sich als Subjekt der Freiheit zum Noumen, zugleich aber auch in Absicht auf die Natur zum Phänomen in seinem eigenen empirischen Bewußtsein zu machen" (KpV 10). Und er geht sogar so weit zu sagen, daß wir – obgleich wir die Tatsache moralischer Freiheit nicht verstehen – „aber doch seine *Unbegreiflichkeit* [begreifen], welches alles ist, was billigermaßen von einer Philosophie, die bis zur Grenze der menschlichen Vernunft in Prinzipien strebt, gefodert werden kann" (GMS 128).

Wir können auf dem Weg einer Erklärung der Kantischen Theorie einige Schritte vorankommen, wenn wir die „transzendentale Freiheit", die der praktischen Vernunft zugrunde liegt, mit der „transzendentalen Einheit der Apperzeption" in Beziehung setzen, die unserer Naturerkenntnis zugrunde liegt. Unsere Perspektive auf die Welt weist zwei verschiedene Aspekte auf; und weder die Einheit des Bewußtseins noch die transzendentale Freiheit lassen sich aus unserem Wissen um die empirische Welt ableiten. Aber sie sind beide a priori als Vorbedingungen des Wissens, das wir haben, gegeben. Ersteres bildet den Ausgangspunkt für alle unsere Wahrheitserkenntnis, letzteres den Ausgangspunkt für alle Entscheidungsfindung. Sie sind transzendental, nicht in dem positiven Sinn, daß sie die Erkenntnis eines transzendentalen Objekts ermöglichen, aber in dem negativen Sinn, daß sie an der Grenze dessen liegen, was erkennbar ist. Freiheit als eine Perspektive *auf* die empirische Welt kann nicht ebenso ein Teil von ihr sein. Die Erkenntnis unserer eigenen Freiheit bildet daher einen Teil jener „Apperzeption", die unsere Perspektive bestimmt. (Belege für diese Interpretation finden sich in der ersten *Kritik*, insbesondere A 546 f., B 574 f.)

Die reine Vernunft versucht die transzendentale Welt durch Begriffe zu erkennen. Mit anderen Worten: Sie versucht eine positive Vorstellung von den Noumena zu entwickeln. Dieser Versuch ist zum Scheitern verurteilt. Die praktische Vernunft jedoch kümmert sich nicht um die Entdeckung von Wahrheiten und erlegt ihren Objekten keine Begriffe auf. Sie wird uns daher niemals in den Fehler verstricken, eine positive Vorstellung vom transzendentalen Selbst zu entwickeln. Wir wissen um dieses Selbst nur praktisch, durch die Betätigung der Freiheit. Obgleich wir dieses Wissen nicht in Urteile über die Natur des Menschen übersetzen können, können wir es in etwas anderes übersetzen. Dieses andere ist uns durch die Gesetze der praktischen Vernunft gegeben, die ihrerseits synthetische apriorische Grundsätze des Handelns sind. Genau so, wie es apriorische Gesetze der Natur gibt, die aus der Einheit des Bewußtseins abgeleitet werden können, gibt es auch apriorische Gesetze der Vernunft, die aus der Perspektive der transzendentalen Freiheit abgleitet werden können. Dabei wird es sich nicht um Gesetze handeln, bei denen es um wahr oder falsch geht: Sie werden im Zusammenhang mit Beschreibung, Voraussage und Erklärung keine Rolle spielen. Es wird sich um praktische Gesetze handeln, die das betreffen, was zu tun ist. Der frei Handelnde wird in seiner praktischen Vernunft durch sie gebunden sein, da ihre Geltung eine Voraussetzung der Freiheit darstellt, ohne die praktische Vernunft unmöglich ist.

Kant schwankt zwischen der einen Auffassung, daß das transzendentale Selbst eine Art Perspektive darstellt, und der anderen, daß es ein eigener noumenaler Gegenstand ist. Er versucht mittels der praktischen Vernunft sogar alle die theoretischen Schlüsse über Gott, die Seele und die Unsterblichkeit wiederzubeleben, die als Schein der reinen Vernunft entlarvt worden waren. Ich werde Kant vorläufig nicht in diese mysteriösen Gefilde hinein folgen. Doch der Leser sollte im Gedächtnis behalten, daß ich das schwere metaphysische Problem, das Kants ethische Theorie deutlich macht, nur aufgeschoben habe.

Das Problem der praktischen Vernunft

Kants Idee der Freiheit gewinnt deutlichere Konturen, wenn sie im Kontext des Problems betrachtet wird, das sie lösen soll. Vernünftige Wesen existieren nicht nur als selbstbewußte Zentren der Erkenntnis, sondern ebenso als Handelnde. Ihre Vernunft ist von ihrem Handeln nicht abgetrennt, sondern bildet einen wesentlichen Teil davon. Das bedeutet: Für ein vernünftiges Wesen gibt es nicht nur das Handeln, sondern auch die *Frage* nach dem Handeln (die Frage: „Was soll ich tun?“), und diese Frage verlangt nach einer vernünftigen Antwort. Meine Rationalität kommt in dem Umstand zum Ausdruck, daß einige meiner Handlungen intentional sind (sie verdanken sich, um es mit Kant zu sagen, meinem „Willen“). An alle diese Handlungen kann die Frage gerichtet werden: Warum so handeln? Diese Frage zielt nicht auf eine Ursache oder eine Erklärung, sondern auf einen Grund. Angenommen, jemand fragt mich, warum ich einen alten Mann auf der Straße geschlagen habe. Die Antwort: „Weil elektrische Impulse meines Gehirns Muskelkontraktionen verursachten und dies dazu führte, daß meine Hand seinen Kopf berührte", wäre absurd und unverschämt, wie sehr sie auch als kausale Erklärung stimmen würde. Die Antwort: „Weil er mich geärgert hat" mag zwar unangemessen sein, da sie keine gute Begründung gibt, aber sie ist sicherlich nicht absurd. Gründe überlegt man sich, um eine Handlung zu rechtfertigen, und nicht in erster Linie, um sie zu erklären. Sie beziehen sich auf die Grundlagen einer Handlung, die Prämissen, aus denen ein Handlungssubjekt ableiten kann, was zu tun ist.

Praktische Gründe beziehen sich entweder auf Zwecke oder auf Mittel. Wenn ich einen Zweck im Blick habe, kann ich über die Mittel nachdenken, um ihn zu erreichen. Alle Philosophen sind sich darüber einig, daß es ein solches Denken gibt; aber viele von ihnen sind der Meinung, daß sich darin kein besonderer, „praktischer" Gebrauch des Vernunftvermögens niederschlägt. Es werde lediglich die theoretische Vernunft in Anspruch genommen. Kant selbst ist davon überzeugt und behauptet, daß die „Regeln der Geschicklichkeit" (wie sich die Mittel für einen Zweck finden lassen) lediglich theoretische Prinzipien sind (KpV 46). Skeptische Philosophen gehen sogar noch weiter und vertreten mit Hume die Auffassung, daß es für die Vernunft in praktischen Dingen gar keinen anderen Gebrauch gibt. Alles Denken bezieht sich allein auf die Mittel. Die Vernunft kann die Zwecke unseres Handelns weder hervorbringen noch rechtfertigen, da – um mit Hume zu sprechen – die Vernunft der Sklave der Leidenschaften ist – und es auch sein sollte. Aus diesen Leidenschaften werden unsere Zwecke abgeleitet, da die Leidenschaft, und zwar die Leidenschaft allein, das letzte Motiv unseres Handelns bildet. Die Vernunft kann uns nur dann zum Handeln überreden, wenn wir schon dazu motiviert sind, ihr zu gehorchen. Wenn das der Fall ist, dann – so Kant – kann es keine objektive praktische Erkenntnis geben. Denn es kann keinen

Weg geben, auf welchem die Vernunft die Frage wird entscheiden können, was zu tun ist.

Kant war der Überzeugung, daß praktische Vernunft möglich ist. Er trat für die (weithin geteilte) Auffassung ein, daß die Vernunft nicht nur die Wahl der Mittel festzulegen und rechtzufertigen vermag, sondern auch die Wahl der Zwecke, von der jene abhängt. In diesem Fall könnte es eine objektive Betätigung der praktischen Vernunft geben. Sie wäre objektiv, da sie allein in der Vernunft gründen und Handlungszwecke für jedes vernünftige Wesen festlegen würde – ohne Rücksicht auf dessen Leidenschaften, Interessen und Wünsche. Damit das möglich ist, muß die Vernunft jedoch, wie Hume meinte, unsere Handlungen nicht nur begründen, sondern auch motivieren. Wenn die Vernunft mich nicht ebenso zu einer Handlung *veranlaßte,* würde sie im Prozeß der Entscheidungsfindung keine Rolle spielen. Dann wäre sie nicht praktisch. Wenn also die Vernunft lediglich Urteile fällt über die Welt und daraus Schlüsse zieht, dann ist schwer zu sehen, wie sie ein Beweggrund zum Handeln sein *kann.* Daß dieses oder jenes Urteil wahr oder falsch ist, kann mich zu allen möglichen Handlungen veranlassen – je nachdem, wie meine Zwecke aussehen. Wenn diese Zwecke aus den „Leidenschaften" stammen, hat die Vernunft keinen Anteil daran, sie zu bestimmen. Der einzige Weg, auf dem die Vernunft praktisch werden kann, besteht daher darin, daß sie nicht zu Urteilen, sondern zu Imperativen führt. Ein Imperativ beschreibt nicht die Welt; er bezieht sich auf ein Handlungssubjekt und legt – für den Fall, daß dieses ihm folgt – fest, was es tut. Wenn es also Imperative gibt, die einfach aus der Tätigkeit der Vernunft hervorgehen, dann kann auch die Vernunft allein uns zum Handeln bewegen: „Die Vernunft bestimmt in einem praktischen Gesetze unmittelbar den Willen" (KpV 45).

Die Autonomie des Willens

In seiner Moralphilosophie vereinigt Kant die Idee einer transzendentalen Freiheit mit jener eines Imperativs der Vernunft. Er ist der Überzeugung, daß das Nachdenken über Zwecke stets gerade die Art transzendentaler Freiheit voraussetzt, die seine Metaphysik als möglich behauptet. Freiheit ist die Fähigkeit, einen Handlungszweck für mich selbst zu wollen. Jede Ableitung meiner Zwecke aus einer externen Quelle stellt zugleich eine Unterwerfung unter jene Quelle dar. Und jeder natürliche Prozeß, der meine Handlung bestimmt, überträgt die Unfreiheit seiner Ursache auf mich. Ich werde dann zu einem passiven Katalysator, durch den natürliche Kräfte ihre Umsetzung finden. Wenn meine Handlung unfrei genannt wird, dann deshalb, weil sie in einem bestimmten Sinn nicht wirklich *meine* ist.

Eine Handlung, die ihren Ursprung in mir hat, kann nur mir zugerechnet werden und ist daher in einem wirklichen Sinne meine. Im Blick auf eine solche Handlung bin ich frei. Ich handle immer dann frei, wenn *ich* handle, und unfrei, wenn eine andere Instanz durch mich handelt. Das läßt die Frage aufkommen, was *ich* bin. Die offensichtliche Antwort lautet: „ein transzendentales Selbst“; denn das erklärt meine Freiheit gegenüber der Naturkausalität. Doch Kant ergänzt diese Antwort nun durch eine Theorie des Willens. Eine Handlung entsteht immer dann in mir, wenn ich mich zu der Handlung entschließe, einfach auf der Grundlage, *sie* zu erwägen. Ich achte nicht auf meine Wünsche, mein Interesse oder irgendeine andere „empirische Bedingung“, denn das würde darauf hinauslaufen, mich der Naturkausalität zu unterwerfen. Ich reflektiere schlicht auf die Handlung und wähle sie um ihrer selbst willen, als einen Zweck für sich selbst. Dies ist das Paradigma einer freien Handlung: eine Handlung, die durch die Vernunft allein vollbracht wird. Eine solche Handlung kann, wie Kant meinte, keiner „natürlichen“ Kraft zugeschrieben werden, keiner Kette „empirischer“ Kausalität. Sie entsteht spontan aus den Vernunftprozessen heraus, die meinen Willen konstituieren.

Freiheit ist also die Fähigkeit, sich durch die Vernunft bestimmen zu lassen. Die Imperative der Vernunft, die im letzten Abschnitt besprochen wurden, sind „Gesetze der Freiheit“: Prinzipien, mit Hilfe derer die Vernunft eine Handlung bestimmt. Damit gibt es eine „Kausalität aus Freiheit“ zusätzlich zur „Naturkausalität“, und Freiheit ist nichts anderes als Gehorsam der ersteren gegenüber der zweiten, vielleicht auch ihr zum Trotz. Diese Fähigkeit, sich allein durch die Vernunft bestimmen zu lassen, nennt Kant die Autonomie des Willens, und stellt sie der „Heteronomie“ eines Handlungssubjekts gegenüber, dessen Willen externen Ursachen unterliegt. Kant bezeichnet jede Ursache als extern, die zur „Naturkausalität“ gehört – das heißt, jede Ursache, die nicht in der Vernunft allein ihren Grund hat. Eine Handlung, die einem Wunsch, einem Gefühl oder einem Interesse entspringt, ist daher „heteronom“.

Kant entfaltet nun seine Vorstellung des autonomen *Handlungssubjekts.* Dabei handelt es sich um einen Handelnden, der in der Lage ist, die Einflüsterungen aller heteronomen Ratgeber – wie etwa Eigeninteresse und Begehren – zu überwinden, sollten sie im Konflikt mit der Vernunft stehen. Ein solches Wesen setzt sich selbst in der Weise als ein „transzendentales Wesen“ voraus, daß es sich der Naturkausalität widersetzt und die Gründe seiner Handlungen stets mit der „Kausalität aus Freiheit“ in Beziehung setzt. Nur ein autonomes Wesen hat ernsthafte Handlungszwecke (im Gegensatz zu bloßen Objekten des Begehrens), und nur ein solches Wesen verdient unsere Wertschätzung als eine Verkörperung vernünftiger Wahl. Die Autonomie des Willens, so fährt Kant in seinem Gedankengang fort, „ist das alleinige Prinzip aller moralischen Gesetze und der ihnen gemäßen Pflichten; alle *Heteronomie* der Willkür gründet dagegen nicht allein gar keine Verbindlichkeit, sondern ist vielmehr dem Prinzip derselben und der Sittlichkeit des Willens entgegen“ (KpV 58). Da die Autonomie sich ausschließlich im Gehorsam gegenüber der Vernunft manifestiert und da die Vernunft die Handlung immer durch Imperative bestimmen muß, läßt sich die Autonomie beschreiben als „die Tauglichkeit der Maxime eines jeden guten Willens, sich selbst zum allgemeinen Gesetze zu machen" (GMS 95).

Metaphysische Schwierigkeiten

Wir müssen nun zum metaphysischen Problem der transzendentalen Freiheit zurückkehren. Insbesondere zwei Schwierigkeiten ragen heraus, da sie Schwierigkeiten entsprechen, die Kant selbst in der rationalistischen Metaphysik von Leibniz entdeckt hatte. Zunächst: Wie läßt sich das transzendentale Selbst individuieren? Was macht aus *diesem* Selbst ein *Ich?* Wenn das entscheidende Kennzeichen die Vernunft ist sowie das Vermögen zu handeln, das aus ihr entspringt, wie bin dann ich – da doch die Vernunftgesetze universal sind – von irgendeinem anderen Wesen zu unterscheiden, das ihnen unterworfen ist? Wenn das entscheidende Kennzeichen meine „Perspektive" auf die Welt ist, wie soll Kant die Leibnizsche Ansicht des Selbst als einer Monade vermeiden, die durch ihre Perspektive bestimmt ist, aber außerhalb der Welt existiert, die sie dadurch „repräsentiert" – unfähig, in ein reales Verhältnis zu irgend etwas einzutreten, das in dieser Welt vorhanden ist?

Zweitens (oder vielmehr als Fortsetzung des Einwands): In welchem Verhältnis steht das transzendentale Selbst zur empirischen Welt? Wie ist es insbesondere mit seinen eigenen Handlungen verknüpft, die entweder Ereignisse in der empirischen Welt sind oder gänzlich wirkungslos bleiben? Ich muß, wie Kant zugesteht, sowohl als ein „empirisches Selbst" existieren, im Bereich der Natur, als auch als ein transzendentales Selbst, außerhalb ihrer. Doch da die Kategorie der Ursache nur innerhalb der Natur gilt, bleibt das transzendentale Selbst für immer wirkungslos. In diesem Fall stellt sich die Frage: Warum ist die Freiheit des transzendentalen Selbst so wertvoll? Kant verläßt sich auf die Ansicht, daß die Kategorie von Ursache und Wirkung ein Verhältnis in der Zeit bezeichnet (ein Verhältnis von vorher und nachher); das Verhältnis eines Grundes für das, was daraus folgt, ist hingegen überhaupt nicht zeitlich. Seine verwickelte Diskussion dieser Frage in der ersten *Kritik* (A 538–541, B 566–569) unterläßt es zu klären, wie das, was dem transzendentalen Selbst als Grund gilt, ein Ereignis in der empirischen Welt motivieren (und somit erklären) kann.

Kants bevorzugte Stellungnahme zu diesen Schwierigkeiten findet sich in der Behauptung zusammengefaßt, daß die Idee unserer selbst als Glieder eines rein „intelligiblen" Bereichs, in dem die Kategorien keine Gültigkeit besitzen, „immer eine brauchbare und erlaubte Idee zum Behufe eines vernünftigen Glaubens" bleibt, „wenn gleich alles Wissen an der Grenze derselben ein Ende hat" (GMS 126 f.). Zugleich hält Kant daran fest, daß das Paradox der menschlichen Freiheit unvermeidlich ist: Wir könnten es niemals mit Hilfe der theoretischen Vernunft lösen, während uns die praktische Vernunft lediglich versichert, daß es eine Lösung *hat.* Dennoch müssen wir die „Befugnis der reinen Vernunft, im praktischen Gebrauche, zu einer Erweiterung, die ihr im spekulativen für sich nicht möglich ist", zugestehen (KpV 87). Daher können wir das Votum der praktischen Vernunft ohne weiteres annehmen. Natürlich läßt sich das Freiheitsproblem stets von neuem aufwerfen. Die Frage lautet dann: „Wie ist praktische Vernunft möglich?" Wir wissen, daß sie möglich *ist,* denn ohne sie würde unsere Perspektive auf die Welt verschwinden. Doch „wie *reine Vernunft praktisch sein könne,* das zu erklären, dazu ist alle menschliche Vernunft gänzlich unvermögend, und alle Mühe und Arbeit, hievon Erklärung zu suchen, ist verloren" (GMS 125).

Kant vermag mit zwingender Logik aus der Prämisse transzendentaler Freiheit ein ganzes System „allgemein-vernünftiger" Moralität abzuleiten. Da jedoch das Freiheitsparadox am Ende seiner Ableitung ungelöst bleibt, scheint Kant mit seiner Vermutung nicht ganz falsch zu liegen, daß wir es niemals werden begreifen können.

Hypothetische und kategorische Imperative

Im praktischen Denken findet sich eine Unterscheidung zwischen hypothetischen und kategorischen Imperativen. Erstere beginnen typischerweise mit einem „Wenn ...“, wie etwa in: „Wenn du bleiben willst, dann sei höflich!“ Hier ist der Zweck hypothetisch, und der Imperativ benennt die Mittel, um ihn zu erreichen. Die Geltung aller derartigen Imperative läßt sich entsprechend folgendem „obersten Prinzip“ begründen: „Wer auch immer den Zweck wählt, wählt die Mittel“. Dieses Prinzip, meint Kant, ist analytisch (es verdankt seine Wahrheit allein den verwendeten Begriffen). Doch obgleich hypothetische Imperative Geltung beanspruchen mögen, können sie niemals objektiv sein, da sie stets *bedingt* sind. Sie bieten nur derjenigen Person einen Grund, die den im Vorsatz erwähnten Zweck verfolgt (im obigen Beispiel der Person, die bleiben will), und sind für niemanden verpflichtend, dessen Wünsche anders gelagert sind. Das gilt sogar für die „Regeln der Klugheit“, die uns sagen, was zu tun ist, um glücklich zu sein. Denn der Begriff des Glücks ist nur ein Etikett für alles Mögliche, was ein vernünftiges Wesen sich wünscht; die hypothetischen Imperative, die uns auf unser Glück verweisen, gelten nur deshalb allgemein, weil sie nichts Bestimmtes vorschreiben. Des einen Glück mag des anderen Qual sein, und der von dem einen akzeptierte Imperativ mag sich für den anderen nicht empfehlen. Es scheint dann, daß alle hypothetischen Imperative subjektiv bleiben, da sie von den Wünschen des einzelnen abhängen, und keiner von ihnen einem wahrhaften „Befehl der Vernunft“ entspricht.

Kategorische Imperative enthalten typischerweise kein „wenn“. Sie sagen dir, was *unbedingt* zu tun ist. Sie können nichtsdestoweniger mit Gründen vertreten werden. Wenn ich sage: „Schließ die Tür!“, ist meine Aufforderung willkürlich, es sei denn, ich kann die Frage beantworten: „Warum?“ Wenn ich sie zu deiner Zufriedenheit beantworte, dann ist der Imperativ für dich verpflichtend. Wenn die Antwort jedoch auf Interessen Bezug nimmt, die nichts mit dir zu tun haben, ist der Imperativ nicht mehr kategorisch. Beispiel: „Wenn du nicht bestraft werden willst, schließe die Tür!" Nur wenn die Antwort die Handlung *selbst* als einen Zweck darstellt, haben wir es mit einem nicht-willkürlichen kategorischen Imperativ zu tun. Das Kennzeichen dafür bildet das Vorkommen eines „Sollens": „Du sollst die Tür schließen." Im kategorischen „Sollen" haben wir einen wahrhaften Imperativ der Vernunft.

Es ist nicht unplausibel, Kant darin zu folgen, diese vertraute Unterscheidung zwischen hypothetischen und kategorischen Imperativen auf die Unterscheidung zwischen der Reflexion auf Mittel und der Reflexion auf Zwecke zu beziehen. Das Problem der praktischen Vernunft lautet dann: „Wie sind kategorische Imperative möglich?" Weiterhin läßt sich Moralität Kant zufolge ausschließlich in kategorischen Imperativen zum Ausdruck bringen. Das heißt, daß, „wenn Pflicht ein Begriff ist, der Bedeutung und wirkliche Gesetzgebung für unsere Handlungen enthalten soll, diese nur in kategorischen Imperativen, keineswegs aber in hypothetischen ausgedrückt werden könne" (GMS 59). Gehorsam gegenüber einem hypothetischen Imperativ bedeutet immer Gehorsam gegenüber der in seinem Vorsatz artikulierten Bedingung. Damit ist immer eine Heteronomie des Willens mit im Spiel. Gehorsam gegenüber einem kategorischen Imperativ muß jedoch stets, da er der Vernunft allein entstammt, autonom sein. Kant richtet also die Unterscheidung zwischen zwei Arten von Imperativen auf jene zwischen Heteronomie und Autonomie aus und verknüpft auf diese Weise das Problem der kategorischen Imperative mit jenem der transzendentalen Freiheit: „Und so sind kategorische Imperative möglich, dadurch, daß die Idee der Freiheit mich zu einem Gliede einer intelligibelen Welt macht" (GMS 111).

Doch wenn kategorische Imperative möglich sein sollen, erfordern sie ebenfalls ein höchstes Prinzip, das deutlich macht, wie die Vernunft zu ihnen kommt. Daher steht die praktische Vernunft einem Problem gegenüber, das ebenso umfassend ist wie das Problem der reinen Vernunft und dieselbe Art von Antwort notwendig macht. Wir müssen zeigen, wie synthetische *praktische* Erkenntnis a priori möglich ist. Das oberste Prinzip der hypothetischen Imperative ist, wie wir gesehen haben, analytisch. Daher stellen hypothetische Imperative keine wirklichen Forderungen an das Handlungssubjekt, sondern verbinden einfach seine Zwecke mit den Mitteln, die notwendig sind, um sie zu erreichen. Kategorische Imperative jedoch erheben wirkliche und unbedingte Forderungen: In diesem Sinne sind sie synthetisch. Darüber hinaus müssen sie, da ihre Grundlage in der Vernunft allein liegt, a priori gültig sein. Die bloße Form eines kategorischen Imperativs bewahrt ihn davor, seine Autorität aus einer anderen Quelle abzuleiten – beispielsweise aus einem Wunsch, einem Bedürfnis oder Interesse oder aus irgendeiner anderen „empirischen Bedingung" des Handelnden. Insbesondere gibt es keinen Weg, auf dem sich kategorische Imperative aus „der besonderen Eigenschaft der menschlichen Natur" ableiten lassen (GMS 59). Darum verwirft Kant alle zu seiner Zeit bekannten Ethik-Systeme, indem er behauptet, daß sie ungeeignet sind zu erklären, was allein die Objektivität des moralischen Urteils gewährleistet: die „unbedingte Notwendigkeit", die dem moralischen Gesetz entspricht. Diese Notwendigkeit läßt sich nur durch eine Theorie auf apriorischer Grundlage erklären. Daher müssen alle Hinweise auf empirische Bedingungen – selbst auf die gesichertsten Tatsachen der menschlichen Natur – aus der Begründung der Sittlichkeit ausgeschlossen werden (GMS 63).

Der kategorische Imperativ

Das oberste Prinzip kategorischer Imperative wird *der* kategorische Imperativ genannt – unter der Voraussetzung, daß es nur ein solches Prinzip gibt oder geben sollte (vielleicht, um die Möglichkeit einander widerstreitender Pflichten auszuschließen). Kant präsentiert das Prinzip in fünf unterschiedlichen Fassungen, von denen zwei neue Elemente ins Spiel bringen. Es ist daher verbreitet, den kategorischen Imperativ als ein aus drei separaten Stücken zusammengesetztes Vernunftgesetz aufzufassen. In seiner ersten und bekanntesten Fassung wird dieses Gesetz folgendermaßen gewonnen:

Wenn wir einen Imperativ ausfindig machen wollen, der sich in seiner Geltung allein der Vernunft verdanken soll, müssen wir von allen Unterscheidungen zwischen vernünftigen Handelnden absehen. Wir müssen also deren Interessen, Wünsche und Ambitionen sowie alle „empirischen Bedingungen", die ihre Handlungen bestimmen, unberücksichtigt lassen. Nur dann werden wir unser Gesetz auf die Vernunft allein gründen, denn wir haben dann von jedem anderen Grund abstrahiert. Im Zuge dieses Abstraktionsprozesses erreiche ich den „Standpunkt eines Gliedes der Verstandeswelt" (GMS 113). Dabei handelt es sich um einen Standpunkt außerhalb meiner eigenen Erfahrung, der daher von jedem vernünftigen Wesen eingenommen werden kann, wie auch immer dessen einzelne Umstände sein mögen. Das Gesetz, das ich formuliere, wird dann ein Imperativ sein, der allgemein für alle vernünftigen Wesen gilt. Wenn ich mich für meine Handlung als einen Zweck entscheide, werde ich durch die Vernunft gezwungen sein, „nur nach derjenigen Maxime zu handeln, durch die du zugleich wollen kannst, daß sie ein allgemeines Gesetz werde" (meine Paraphrase von GMS 52). (Der Ausdruck „Maxime" meint sowohl „Prinzip" als auch „Motiv": Ein kategorischer Imperativ fordert immer und legt immer ein Gesetz fest.) Das Prinzip ist in dem Sinne „formal", daß es nichts Bestimmtes fordert. Zugleich ist es synthetisch, denn es formuliert Gesetze zwischen allen möglichen Handlungszwecken, indem es einige erlaubt und andere verbietet. Beispielsweise verbietet es, Versprechen zu brechen, denn das allgemeine Brechen von Versprechen zu wollen, läuft darauf hinaus, die Abschaffung von Versprechen zu wollen, also auch die Abschaffung des Vorteils, der aus gebrochenen Versprechen erwächst, und somit die Abschaffung meines Motivs zu wollen. Solche verbotenen Handlungszwecke werden aufgewiesen, um durch ihre Gegenüberstellung mit dem obersten moralischen Gesetz den Handelnden in einen Widerspruch zu verwickeln.

Kant sah seine erste Formulierung des kategorischen Imperativs als die philosophische Grundlage der berühmten goldenen Regel an, daß wir so handeln sollen, wir wir wollen, daß an uns gehandelt wird. Er ist insofern a priori, als er in dem begründet ist, was sich allein nach der Vernunft zu richten vermag. Das erklärt seinen Anspruch auf eine „allgemeine" Form und auf eine Art von Notwendigkeit, die in dem kategorischen „Sollen" beschlossen liegt.

Der kategorische Imperativ findet die Zwecke einer Handlung dadurch, daß er von allem abstrahiert mit Ausnahme des Faktums einer vernünftigen Handlungsinstanz. Eine vernünftige Handlungsinstanz muß daher ihre eigenen Zwecke bereitstellen. Das autonome Wesen ist sowohl der Handelnde als auch der Hüter aller Werte und existiert, wie Kant es nennt, „als Zweck an sich selbst" (GMS 66 f.). Wenn wir überhaupt Werte haben wollen, müssen wir die Existenz und Bemühungen vernünftiger Wesen wertschätzen und respektieren. Auf diese Weise bestimmt die Autonomie ihre eigene Grenze. Die Beschränkung unserer Freiheit besteht darin, daß wir die Freiheit aller anerkennen müssen: Wie sonst sollte unsere Freiheit zu *allgemeinen* Gesetzen führen? Daraus ergibt sich, daß wir einen andern niemals benutzen dürfen, ohne seiner Autonomie Rechnung zu tragen; wir dürfen ihn niemals bloß als Mittel behandeln. Das bringt uns zu der zweiten Hauptformulierung des kategorischen Imperativs – als des Gesetzes, daß ich „so handeln soll, daß ich die Menschheit, sowohl in meiner Person, als in der Person eines jeden anderen, jederzeit zugleich als Zweck, niemals bloß als Mittel brauche" (meine Paraphrase von GMS 66 f.). „Menschheit" bezieht sich hier auf alle vernünftigen Wesen, und die Unterscheidung zwischen solchen Wesen, die als bloße Mittel betrachtet werden können, und solchen, für die das nicht gilt, meint das, was wir mit der Unterscheidung zwischen *Dingen* und *Personen* im Blick haben. Diese Unterscheidung bildet die Grundlage für den Begriff eines „Rechts". Wenn jemand danach fragt, ob ein Tier, ein Kind oder ein unbelebtes Objekt Rechte hat, dann fragt er danach, ob der kategorische Imperativ in seiner zweiten, stärksten Fassung Anwendung findet.

Wir können vernünftige Wesen dann nicht lediglich als die Mittel behandeln, durch welche andere ihre Zwecke realisieren: Das würde darauf hinauslaufen, die Autonomie zu bestreiten, die allein uns Respekt abnötigt. Indem ich auf dem Wege zum moralischen Gesetz von allem anderen abstrahiere, achte ich stets die Souveränität der Vernunft. Während also die Form meines Gesetzes allgemein ist (der erste Imperativ), muß sich sein Inhalt daraus ergeben, daß es Anwendung findet auf vernünftige Wesen als Zwecke an sich selbst (der zweite Imperativ). Daher muß ich das moralische Gesetz immer als Bestandteil einer allgemeinen Gesetzgebung betrachten, welche für vernünftige Wesen gleichermaßen verpflichtend ist. Ich werde dadurch zu der „Idee des Willens jedes vernünftigen Wesens als eines allgemein gesetzgebenden Willens" geführt (GMS 70). Diese Vorstellung führt in der Folge zu einer anderen, jener eines „Reichs der Zwecke", in dem die allgemeine Gesetzgebung, der wir uns im autonomen Handeln freiwillig unterwerfen, ein Naturgesetz geworden ist. Daher muß jedes vernünftige Wesen so handeln, als wäre es durch seine Maximen in jedem Fall ein gesetzgebendes Mitglied des allgemeinen Reichs der Zwecke. Dieser dritte Imperativ deutet an, daß jede Spekulation über Zwecke zugleich eine ideale Welt fordert, in welcher die Dinge sind, wie sie sein sollen, und sein sollen, wie sie sind. In diesem Reich widerspricht nichts der Vernunft, und das vernünftige Wesen ist sowohl Untertan als auch Souverän des Gesetzes, das dort gilt.

Kant ist überzeugt, daß sich die verschiedenen Fassungen des kategorischen Imperativs durch Reflexion aus der einen Idee der Autonomie ableiten lassen und daß das allein ausreicht, um sie jedem vernünftigen Wesen anzuempfehlen. Er ist weiterhin der Auffassung, daß sie dem alltäglichen moralischen Denken Unterstützung gewähren – gerade so, wie die synthetischen Grundsätze a priori des Verstandes unser gängiges wissenschaftliches Wissen bestätigen. Es ist ein einzigartiges Verdienst des Kantischen Moralsystems, daß es einer intuitiven Vorstellung des Sittlichen eine Ordnung auferlegt. Diese Vorstellung findet sich nicht nur bei einzelnen Menschen, sondern (so dachten Kant und viele andere) wird von allen Menschen überhaupt geteilt. Kant stand unter starkem Einfluß des dritten Lord Shaftesbury (1671–1713) und seinen Nachfolgern – den sogenannten „britischen Moralisten". Sie waren der Auffassung, daß bestimmte fundamentale Moralprinzipien keine Angelegenheit individueller Neigung seien, sondern sich – auf ihre eigentliche Grundlage in der menschlichen Seele zurückgeführt – als allgemein akzeptabel erwiesen, indem sie den unausgesprochenen Konsens aller vernünftigen Wesen widerspiegeln. Kant teilte diese Auffassung. Doch er versuchte, sie von einem Studium unserer „kärgliche(n) Ausstattung einer stiefmütterlichen Natur" (GMS 3) abzulösen. Es war für ihn daher von allergrößter Bedeutung, daß seine Theorie die Axiome einer intuitiven Moral hervorbringen sollte. „Mit der Idee der Freiheit ist nun der Begriff der *Autonomie* unzertrennlich verbunden, mit diesem aber das allgemeine Prinzip der Sittlichkeit, welches in der Idee allen Handlungen *vernünftiger* Wesen … zum Grunde liegt" (GMS 109).

Es ist durchaus aufschlußreich, einige der geläufigen Anschauungen aufzulisten, die durch Kants Theorie ihre Begründung erhalten.

(1) Der Inhalt der Sittlichkeit. Die geläufige Sittlichkeit mahnt zum Respekt vor anderen und vor sich selbst; sie verbietet Aus-

nahmen um des eigenen Vorteils willen; sie sieht alle Menschen vor dem moralischen Gesetz als gleich an. Dies sind unmittelbare Konsequenzen des kategorischen Imperativs. In seiner zweiten Fassung unterstützt der Imperativ darüber hinaus ganz bestimmte und allgemein akzeptierte Gesetze. Er verbietet Mord, Raub, Diebstahl, Betrug und Verlogenheit, zusammen mit allen Formen willkürlichen Zwangs. Er konstatiert eine allgemeine Pflicht, die Rechte und Interessen anderer zu respektieren, und artikuliert die vernünftige Forderung, von persönlicher Beteiligung abzusehen und den Standpunkt eines unparteiischen Richters einzunehmen. Damit faßt er fundamentale Anschauungen über die Gerechtigkeit zusammen – in Verbindung mit einem bestimmten und intuitiv akzeptablen moralischen Kodex.

(2) Die Kraft der Sittlichkeit. Kant zufolge unterscheidet sich das Motiv der Sittlichkeit tiefgreifend von denjenigen des Interesses und des Begehrens. Es beherrscht uns absolut und notwendig, und wir spüren seine Macht selbst dann, wenn wir uns ihm am stärksten widersetzen. Es handelt sich nicht um einen Entschluß, der gegen andere abzuwägen ist, sondern vielmehr um ein zwingendes Diktat, das zwar ignoriert, nicht aber widerlegt werden kann. Das stimmt, so meint er, mit der gängigen Auffassung überein. Wenn jemandem gesagt wird, er könne seine stärksten Begierden befriedigen, allerdings unter der Bedingung, daß er hernach gehängt werde, dann wird er das Angebot sicherlich zurückweisen. Aber wenn ihm gesagt wird, daß er seinen Freund betrügen, ein falsches Zeugnis ablegen und einen Unschuldigen töten muß, andernfalls werde er gehängt, dann fällt sein Interesse an seinem eigenen Leben nicht ins Gewicht bei der Bestimmung dessen, was er tun soll. Er mag sich der Drohung fügen; doch nur in dem Bewußtsein, falsch zu handeln; und das moralische Gesetz selbst, anders als irgendein Motiv des Begehrens, treibt ihn bis zur Verzweiflung (vgl. KpV 54).

(3) Der gute Wille. In der moralischen Beurteilung einer Handlung beziehen wir die entstandenen Folgen auf den Handelnden,

der sie hervorgebracht hat. Anders als bei Vorsatz und Fahrlässigkeit wird dabei aus dem Unvorhersehbaren und dem Nichtbeabsichtigten kein Vorwurf gemacht. Das moralische Urteil richtet sich nicht auf die Wirkungen einer Handlungen, sondern auf die gute oder schlechte Absicht, die dahinter steht. Daher gilt mit Kants berühmten Worten: „Es ist überall nichts in der Welt, ja überhaupt auch außer derselben zu denken möglich, was ohne Einschränkung für gut könnte gehalten werden, als allein ein *guter Wille*" (GMS 1). Kants Theorie stimmt exakt mit dieser allgemeinen Auffassung überein. Alle Tugend geht auf die Autonomie zurück, alles Laster verdankt sich ihrem Fehlen, und alle Sittlichkeit findet sich zusammengefaßt in den Imperativen, die den Willen leiten.

(4) Der sittlich Handelnde. Der intuitiven Sittlichkeit liegt eine Auffassung des sittlichen Handlungssubjekts zugrunde. Das sittliche Handlungssubjekt wird von den Handlungsimpulsen der Natur unterschiedlich motiviert und unterschiedlich konstituiert. Seine Handlungen haben nicht nur Ursachen, sondern auch Gründe. Der sittlich Handelnde trifft Entscheidungen für die Zukunft und unterscheidet so zwischen seinen Absichten und seinen Wünschen. Er duldet nicht, daß seine Wünsche ihn immerfort überwältigen, sondern widersteht ihnen gelegentlich und unterdrückt sie. In allem ist er zugleich aktiv und passiv und steht als Gesetzgeber zwischen seinen eigenen Gefühlen. Der sittlich Handelnde ist nicht nur ein Objekt der Zuneigung und Liebe (die wir auf die ganze Natur ausdehnen könnten), sondern auch der Wertschätzung, und er bestimmt über unsere Wertschätzung in dem Maße, in dem er das moralische Gesetz beherzigt. In all diesen intuitiven Unterscheidungen – zwischen Grund und Ursache, Absicht und Wunsch, Aktivität und Passivität, Wertschätzung und Zuneigung – finden wir Aspekte jener einen wichtigen Unterscheidung, die ihnen zugrunde liegt, derjenigen zwischen Person und Sache. Nur eine Person hat Rechte, Pflichten und Verpflichtungen; nur eine Person handelt zusätzlich zu Ursachen aus Gründen her-

aus; nur eine Person verdient unsere Wertschätzung. Die Philosophie des kategorischen Imperativs erklärt diese Unterscheidung und all die anderen, in denen sie sich widerspiegelt. Sie erklärt ebenso, warum der „Respekt gegenüber Personen“ in jeden Moralkodex eingebettet ist.

(5) Die Rolle des Gesetzes. Jemand kann handeln, wie ein guter Mensch handelt – und doch bringt ihm das kein Ansehen ein, wenn Eigeninteresse sein Motiv ist. Wir unterscheiden eine Handlung *gemäß* der Pflicht von einer Handlung *aus* Pflicht und beschränken unser Lob auf die letztere: So ist „das erstere (die Legalität) auch möglich wenn Neigungen bloß die Bestimmungsgründe des Willens gewesen wären ...“, während „das zweite aber (die Moralität), der moralische Wert, lediglich darin gesetzt werden muß, daß die Handlung aus Pflicht ... geschehe“ (KpV 144). Dabei handelt es sich um eine klare und intuitiv akzeptable Konsequenz der Kantischen Theorie. Gleiches gilt für die mehr theoretische Behauptung, daß der grundlegende Begriff im moralischen Denken nicht das Gute, sondern die Pflicht sei.

(6) Vernunft und Leidenschaften. Wir wissen bei all unseren moralischen Bemühungen, daß es einen Konflikt geben kann zwischen Pflicht und Neigung. An dieser Stelle erhebt sich bei jedem moralischen Wesen die Stimme des Gewissens als der unbestechlichen Instanz, die zwischen den Neigungen zu entscheiden und sie entweder zu gestatten oder zu verbieten vermag. Kant unterscheidet den „guten Willen“ eines moralischen Handlungssubjekts von dem „heiligen Willen“, der völlig unberührt ist von irgendwelchen Neigungen. Der „heilige Wille“ braucht keinen Imperativ (KpV 57 f.), da er von selbst der Pflicht folgt. Der normale Mensch bleibt in seinen Handlungen jedoch stets auf Prinzipien angewiesen, da er dazu neigt, der Pflicht zu entkommen. Diese Auffassung des Konflikts zwischen Vernunft und Affekt ist weitverbreitet. Kant steigert sie jedoch bis in nahezu kontra-intuitive Extreme. So ist er davon überzeugt, daß das Motiv der Güte – das in der empiristischen Ethik ein hohes Ansehen genießt – lediglich eine bloße Nei-

gung und damit moralisch neutral sei: „Es ist sehr schön, aus Liebe zu Menschen und teilnehmendem Wohlwollen ihnen Gutes zu tun, oder aus Liebe zur Ordnung gerecht zu sein, aber das ist noch nicht die echte moralische Maxime unsers Verhaltens" (KpV 146). Kant scheint weiterhin der Misanthropie, die Gutes gegen alle Neigung tut, ein größeres Lob zu zollen als den Ausdrucksformen heiterer Güte. Gerade in seiner Fähigkeit, der Neigung zu *widerstehen,* bestehe der Wert der sittlichen Person. Wenn beispielsweise ein Mensch, der sich den Tod wünscht, aus einer Pflicht der Selbsterhaltung heraus am Leben bleibt – nur dann und erstmals dann wandle sich die Selbsterhaltung aus einem bloßen Instinkt zu einem Anzeichen von Sittlichkeit.

Moralität und das Selbst

Bereits solche Anschauungen führen uns, Kant zufolge, zur Auffassung einer transzendentalen Freiheit. Wenn diese Auffassung unsinnig ist, dann ist es auch all unser moralisches und praktisches Denken. Denn wenn wir die Anschauungen systematisch prüfen, sehen wir, daß sie den moralisch Handelnden von seinen Wünschen unterscheiden – und die freie, vernunft-geleitete, autonome Natur der Person von der unfreien, passiven (oder mit Kants Ausdruck „pathologischen") Natur des Tieres. Sicher, wir stoßen dann auf das Paradox der Freiheit. Denn wir betrachten uns selbst sowohl als empirische Wesen, gebunden durch die Gesetze der Natur, wie auch als transzendentale Wesen, die allein den Imperativen der Vernunft verpflichtet sind.

Wir müssen uns erneut den methodologischen Charakter des „transzendentalen Objekts" ins Gedächtnis rufen. Dieser Ausdruck bezeichnet nicht ein Objekt der Erkenntnis, sondern eine Grenze der Erkenntnis, gezogen aus der Perspektive der praktischen Vernunft. Die Vernunft zwingt mich dazu, die Welt als ein „Handlungsfeld" anzusehen und entsprechend die Freiheit meines

Willens anzunehmen. Nur auf der Grundlage dieser Annahme kann ich überhaupt Entscheidungen treffen. Aus dieser Perspektive der praktischen Vernunft heraus gelange ich unaufhaltsam zu den kategorischen Imperativen, die mein Handeln bestimmen. Einer Interpretation zufolge ist die Lehre des Selbst und seines Handelns keine Lehre davon, wie die Dinge in der transzendentalen Welt *sind,* sondern wie sie in der empirischen Welt *erscheinen:* „Der Begriff einer Verstandeswelt ist also nur ein *Standpunkt,* den die Vernunft sich genötigt sieht, außer den Erscheinungen zu nehmen, *um sich selbst als praktisch zu denken*" (GMS 119). Der vernünftig Handelnde braucht dazu eine bestimmte Perspektive auf die Welt: Er betrachtet seine Handlungen unter dem Aspekt der Freiheit, und obgleich das, was er sieht, dasselbe ist wie das, was er sieht, wenn er die Welt wissenschaftlich untersucht, läßt sich seine praktische Erkenntnis nicht in wissenschaftlichen Begriffen ausdrücken. Er sucht nicht nach Ursachen, sondern nach Gründen, nicht nach Mechanismen, sondern nach vernünftigen Zwecken, nicht nach beschreibenden Gesetzen, sondern nach Imperativen. Daher bejaht Kant die in der ersten *Kritik* gestellte Frage, „ob, wenn man in der ganzen Reihe aller Begebenheiten lauter Naturnotwendigkeit anerkennt, es doch möglich sei, eben dieselbe, die einer Seits bloße Naturwirkung ist, doch anderer Seits als Wirkung aus Freiheit anzusehen" (A 543, B 571). Doch da die Antwort auf eine transzendentale Perspektive Bezug nimmt, können wir nur ihre Unbegreiflichkeit begreifen.

Die Objektivität der Moral

Wenn meine Freiheit und die Gesetze, die sie leiten, durch eine bestimmte Art und Weise konstituiert werden, wie die Dinge erscheinen, wie kann ich die Anordnungen der Moralität dann für objektiv gültig halten? Die Vernunft allein nötigt mich, Kant zufolge, den kategorischen Imperativ zu akzeptieren; er hat daher

„objektive Notwendigkeit". Es ist ohne Bedeutung, daß diese Nötigung von einem bestimmten Standpunkt ausgeht. Denn dasselbe gilt von der Nötigung, die apriorischen Gesetze der Wissenschaft zu akzeptieren. Wenn die Vernunft als Handlungsmotiv fungiert und dabei – ihrer eigenen Natur gemäß – klare Regeln setzt, wieviel mehr kann hinsichtlich der „Objektivität" noch gefordert werden? Wenn jemand fragt: „Warum sollte ich moralisch sein?", fragt er nach einem Grund. Eine Antwort, die auf seine Interessen Bezug nimmt, verpflichtet ihn nur „bedingt". Die Perspektive der praktischen Vernunft erhebt sich über alle „Bedingungen" – und das ist ein Ausdruck ihrer „transzendentalen" Natur. Sie stellt Imperative auf, die unbedingt verpflichtend sind. In diesem Fall beantwortet sie die Frage: „Warum moralisch sein?", und zwar für alle vernünftigen Handlungssubjekte, ohne Rücksicht auf ihre Neigungen. Wer üble Absichten verfolgt, kann sich der Überzeugungskraft dieser Vernunftantwort nicht besser entziehen als derjenige, der gerecht handeln will.

So betrachtet ist die Aufgabe, die Objektivität der Moral nachzuweisen, weniger groß als jene, die Objektivität der Wissenschaft nachzuweisen, auch wenn gemeinhin das Gegenteil angenommen wird. Denn das Vermögen des Verstandes macht zwei „Deduktionen" erforderlich – die eine, um zu zeigen, was wir glauben müssen, die andere, um zu zeigen, was wahr ist. Die praktische Vernunft erhebt keine Wahrheitsansprüche und bedarf daher dieser zweiten, „objektiven" Deduktion nicht. Es reicht aus, daß die Vernunft uns nötigt, gemäß dem kategorischen Imperativ zu denken. Weiterhin gibt es nichts, was im Blick auf eine unabhängige Welt bewiesen werden müßte. Wenn wir gelegentlich von moralischer Wahrheit sprechen und von moralischer Realität, dann handelt es sich nur um eine andere Weise, die Verpflichtungen zu bezeichnen, unter die die Vernunft unser Verhalten stellt.

Die sittliche Natur eines vernünftigen Wesens besteht in seiner Fähigkeit, alle seine Urteile, Motive und Affekte nach den allgemeinen Forderungen der praktischen Vernunft zu richten. Selbst bei unseren privatesten und intimsten Angelegenheiten abstrahiert die Vernunft, ohne daß wir uns dessen bewußt sein müssen, von den unmittelbaren Gegebenheiten und erinnert uns an das moralische Gesetz. Philosophen wie Shaftesbury, Hutcheson und Hume, die die Bedeutung der Gefühle für die Sittlichkeit betont hatten, lagen insofern nicht falsch – allerdings mit Ausnahme ihres fehlerhaften Gefühlsbegriffs. Zum sittlichen Leben gehören auch Ärger, Reue, Entrüstung, Stolz, Wertschätzung und Achtung. Und dies alles sind Gefühle, da sie nicht dem Willen unterworfen sind: „*Achtung* ist ein *Tribut*, den wir dem Verdienste nicht verweigern können, wir mögen wollen oder nicht; wir mögen allenfalls äußerlich damit zurückhalten, so können wir doch nicht verhüten, sie innerlich zu empfinden“ (KpV 137). Doch auf dem tiefsten Grund solcher Gefühle findet sich eine Achtung vor dem moralischen Gesetz und eine Distanznahme gegenüber dem, was gerade und unmittelbar vor Augen liegt. Dies begründet ihren Platz im sittlichen Leben vernünftiger Wesen. Kants Auseinandersetzung mit den Gefühlen von Stolz und Selbstachtung ist bemerkenswert scharfsinnig. Durch die Betonung des Vernunftelements, mit dem menschliche Gefühle verwoben seien, gelingt es ihm, dem Vorwurf entgegenzutreten, ein „sittliches Gefühl“ spiele im Zusammenhang der Motivation vernünftiger Menschen keine Rolle. Doch jede Theorie, die sich der Komplexität des sittlichen Gefühls zuwendet, muß den Imperativ in Rechnung stellen, der dabei im Mittelpunkt steht.

Der Abstraktionsprozeß führt uns, so meinte Kant, in eine metaphysische Richtung. Das sittliche Leben führt uns die Andeutung einer transzendentalen Realität vor Augen; wir sehen uns zum Glauben an Gott gezwungen, an die Unsterblichkeit und an eine göttliche Ordnung in der Natur. Diese „Postulate der praktischen Vernunft" sind ebenso unvermeidlich ein Produkt des moralischen Denkens wie der Imperativ, der uns den Weg weist. Die reine Vernunft stolpert über sich selbst, wenn sie die Existenz Gottes und die Unsterblichkeit der Seele zu beweisen sucht. Doch „kann und muß ihre Möglichkeit in dieser praktischen Beziehung *angenommen* werden, ohne sie doch theoretisch zu erkennen und einzusehen" (KpV 6). Dieses undurchsichtige Zugeständnis an die Theologie ist schwer zu akzeptieren. Doch von der dritten seiner *Kritiken* her erscheinen Kants Absichten in einem etwas helleren Licht. Ihr müssen wir uns nun zuwenden.

6. Schönheit und wohlgefügte Ordnung

Es ist nicht Gottes Befehl, der uns zur Moralität verpflichtet. Vielmehr ist es die Moralität, die auf die Möglichkeit eines „heiligen Willens“ verweist. Kant warnt davor, „schwärmerisch oder wohl gar frevelhaft den Leitfaden einer moralisch gesetzgebenden Vernunft im guten Lebenswandel zu verlassen, um ihn unmittelbar an die Idee des höchsten Wesens zu knüpfen“ (A 819, B 847). Kants Schriften zur Religion stellen einen der ersten Versuche dar, die Theologie systematisch zu entmystifizieren. Er kritisiert alle Formen von Anthropomorphismus und stellt in seinem Buch *„Die Religion innerhalb der Grenzen der bloßen Vernunft“* (1793) eine „hermeneutische Regel“ zur „moralischen Interpretation“ vor. Alle Schriftstellen und religiöse Lehren, die der Vernunft widersprechen, müssen in der Weise allegorisch interpretiert werden, daß sie moralische Einsichten zum Ausdruck bringen. Diese gewinnen durch ihre religiöse Einkleidung nicht so sehr an Geltung, sondern an Lebendigkeit. Der Versuch, die Idee Gottes durch Bilder verständlich zu machen und die Kategorien der empirischen Welt auf ihn zu beziehen, ist selbstwidersprüchlich: Wenn Gott ein transzendentes Wesen ist, dann läßt sich von unserem Standpunkt aus nichts anderes über ihn sagen, als daß er unseren Standpunkt transzendiert. Wenn er kein transzendentes Wesen ist, dann verdient er unsere Achtung nicht mehr als jedes andere Werk der Natur. Im Fall der ersten Interpretation können wir ihn nur deshalb achten, weil wir das moralische Gesetz achten, das auf seine Existenz hinweist. Im Fall der zweiten Interpretation könnten wir ihn nur als Untertan des moralischen Gesetzes achten, nach dem er sich in seinem Tun richtet.

Vergleichbare Versuche, die Religion zu entmythologisieren, hatten auch einige Zeitgenossen Kants unternommen. Jedoch unterschied er sich dadurch von ihnen, daß er die Bilder der traditionellen Religion dazu einsetzte, die Ehrfurcht vor der Sittlichkeit zum Ausdruck zu bringen. Die Gott geschuldete Verehrung wird zur Ehrfurcht und Ergebenheit gegenüber dem moralischen Gesetz. Der Glaube, der über die bloße Überzeugung hinausgeht, wird zur Gewißheit einer praktischen Vernunft, die den Verstand übersteigt. Gegenstand der Wertschätzung ist nicht das höchste Wesen, sondern das höchste Attribut der Rationalität. Die moralische Welt wird beschrieben als das „regnum gratiae" (A 815, B 843), die tatsächliche Gemeinschaft vernünftiger Wesen als der „corpus mysticum" in der Welt der Natur (A 808, B 836), und das Reich Gottes, nach dem die Sterblichen streben, wandelt sich zum Reich der Zwecke, das sie durch ihre Selbstgesetzgebung wirklich werden lassen. Es ist nicht überraschend, aus einem Brief Jachmanns zu erfahren, daß aus Kants Vorlesungen über Religion „viele Apostel ... von dannen" gingen, die das „Evangelium vom Reiche der Vernunft" lehrten.

Trotzdem akzeptierte Kant die traditionellen Behauptungen der Theologie und war sogar darum bemüht, sie in der schwer verständlichen Lehre von den „Postulaten der praktischen Vernunft" wieder zum Leben zu erwecken. Darüber hinaus war er der Meinung, daß einer der traditionellen Gottesbeweise, der teleologische, einen wichtigen Hinweis auf die Beschaffenheit der Schöpfung enthalte. In seiner dritten *Kritik*, am Ende einer Darstellung der ästhetischen Erfahrung, führt Kant seine Auffassung weiter aus.

Die dritte Kritik

Die *Kritik der Urteilskraft* ist ein schwieriges Werk, in dem es Kant nur zum Teil gelingt, seiner Thematik die Struktur der Transzendentalphilosophie aufzuerlegen. Ein Zeitgenosse, der Kants Vorlesungen über Ästhetik besuchte, berichtete, daß die grundlegenden Gedanken seiner Kritik der Urteilskraft so leicht, klar und unterhaltsam vorgetragen worden seien, wie man es sich nur vorstellen konnte. Die dritte *Kritik* ist eines der wichtigsten Werke über die Ästhetik, die in der Moderne verfaßt worden sind; man könnte sogar mit Recht sagen, daß es ohne dieses Werk die Ästhetik in ihrer modernen Gestalt nicht geben würde. Allerdings wurden später Kants schwächste Argumente aufgegriffen, um einige seiner originellsten Schlußfolgerungen zu präsentieren.

Kant spürte die Notwendigkeit, in der *Kritik der Urteilskraft* bestimmte Fragen zu klären, die seine ersten beiden *Kritiken* offengelassen hatten. Darüber hinaus wollte er für die Ästhetik ein eigenes „Vermögen" nachweisen – entsprechend dem Verstand und der praktischen Vernunft. Das Vermögen der Urteilskraft „vermittelt" zwischen den anderen beiden. Es versetzt uns in die Lage, die empirische Welt so anzusehen, daß sie den Zielen der praktischen Vernunft entspricht, und die praktische Vernunft so zu verstehen, daß sie sich in unsere Erkenntnis der empirischen Welt einfügt. Kant war der Überzeugung, daß die „Urteilskraft" sowohl eine subjektive als auch eine objektive Seite hat, und teilte seine *Kritik* entsprechend ein. Der erste Teil beschäftigt sich mit der subjektiven Erfahrung von „Zweckhaftigkeit" oder „Zweckmäßigkeit" und ist dem ästhetischen Urteil gewidmet. Der zweite beschäftigt sich mit der objektiven „Zweckmäßigkeit" der Natur und ist der naturhaften Manifestation einer wohlgefügten Ordnung gewidmet. Ich werde mich auf den ersten Teil konzentrieren, der für sich selbst ausreicht, um das kritische System zu seinem Abschluß zu bringen.

Im achtzehnten Jahrhundert kam es zur Entstehung der modernen Ästhetik. Shaftesbury und seine Nachfolger machten scharfsinnige Beobachtungen über die Erfahrung des Schönen; Burke entwickelte seine berühmte Unterscheidung zwischen dem Schönen und dem Erhabenen; Batteux in Frankreich und Lessing und Winckelmann in Deutschland versuchten allgemeine Prinzipien für die Klassifikation und Beurteilung von Kunstwerken zu gewinnen. Die Leibnizianer leisteten ebenfalls ihren Beitrag, und der moderne Gebrauch des Ausdrucks „Ästhetik" geht auf A. G. Baumgarten zurück. Dennoch hat seit Platon kein Philosoph der ästhetischen Erfahrung eine so zentrale Rolle innerhalb der Philosophie zugewiesen, wie Kant dies tat. Auch haben Kants Vorgänger nicht gesehen, daß sowohl die Metaphysik als auch die Ethik ohne eine Theorie der Ästhetik unvollständig bleiben müssen: Nur ein vernünftiges Wesen kann das Schöne erfahren; und ohne die Erfahrung des Schönen bleibt die Rationalität unerfüllt. Einzig in der ästhetischen Naturerfahrung, meinte Kant, erfassen wir das Verhältnis unserer Vermögen zur Welt und können damit sowohl unsere eigenen Grenzen begreifen wie auch die Möglichkeit, sie zu überschreiten. Die ästhetische Erfahrung deutet an, daß unser Blickwinkel letztendlich nur *unser* Blickwinkel ist und wir nur in dem Maße Schöpfer der Natur sind, als wir Schöpfer der Perspektive sind, aus der heraus wir sie beobachten und auf sie einwirken. Für einen Augenblick können wir aber außerhalb jener Perspektive stehen, nicht um zur Erkenntnis einer transzendentalen Welt zu kommen, sondern um die Harmonie wahrzunehmen, die zwischen unseren Vermögen und den Objekten besteht, auf die sie sich beziehen. Zugleich spüren wir die göttliche Ordnung, die diese Harmonie allererst möglich macht.

Kants Ästhetik fußt auf einem fundamentalen Problem, das er in vielen verschiedenen Varianten zum Ausdruck bringt und dem er gelegentlich sogar die Struktur einer „Antinomie“ gibt. Gemäß der „Antinomie des Geschmacks“ scheint das ästhetische Urteil im Konflikt mit sich selbst zu stehen: Es kann nicht zur selben Zeit ästhetisch (ein Audruck subjektiver Erfahrung) und doch ebenso ein Urteil sein (das allgemeine Zustimmung beansprucht). Und doch scheinen alle vernünftigen Wesen – schlicht infolge ihrer Rationalität – bereit zu sein, solche Urteile zu bilden. Auf der einen Seite finden sie Gefallen an einem Gegenstand, und dieses Gefallen ist unmittelbar und beruht auf keiner begrifflichen Erfassung des Objekts oder auf irgendeiner Untersuchung über Ursache, Zweck oder Beschaffenheit. Auf der anderen Seite bringen sie ihr Gefallen in der Form eines Urteils zum Ausdruck; sie reden, „als ob Schönheit eine Beschaffenheit des Gegenstandes“ sei (KdU 18) und stellen ihr Gefallen als objektiv gültig dar. Doch wie kann das sein? Das Gefallen ist unmittelbar und beruht weder auf Argumentation noch auf Analyse; was ermöglicht also diesen Anspruch auf allgemeine Zustimmung?

Wie auch immer wir uns der Idee des Schönen nähern, wir stoßen dabei unvermeidlich auf dieses Paradox. Unsere Einstellungen, Empfindungen und Urteile werden gerade wegen ihrer direkten Verknüpfung mit der Erfahrung ästhetisch genannt. Daher vermag niemand die Schönheit von etwas zu beurteilen, das er niemals gehört oder gesehen hat. Wissenschaftliche Urteile lassen sich ebenso wie praktische Prinzipien „aus zweiter Hand“ gewinnen. Ich kann dich zu meinem Gewährsmann für die Wahrheiten der Physik erklären oder für die Nützlichkeit von Zügen. Aber ich kann dich nicht als Gewährsmann nehmen für die Leistungen von Leonardo da Vinci oder Mozart, wenn ich weder eine Arbeit des ersteren gesehen noch ein Werk des letzteren gehört habe. Es scheint daraus zu folgen, daß es keine Regeln oder Prinzipien für ästhetische Urteile geben kann:

> „Unter einem Prinzip des Geschmacks würde man einen Grundsatz verstehen, unter dessen Bedingung man den Begriff eines Gegenstandes subsumieren, und alsdann durch einen Schluß herausbringen könnte, daß er schön sei. Das ist aber schlechterdings unmöglich. Denn ich muß unmittelbar an der Vorstellung desselben die Lust empfinden, und sie kann mir durch keine Beweisgründe angeschwatzt werden." (KdU 143)

Es scheint immer Erfahrung zu sein und niemals begriffliches Denken, die zu ästhetischen Urteilen berechtigt, so daß etwas, was die Erfahrung eines Objekts verändert, auch seine ästhetische Bedeutsamkeit verändert (aus diesem Grund läßt sich Lyrik letztlich nicht übersetzen). Kant drückt das folgendermaßen aus: Ein ästhetisches Urteil ist „frei von Begriffen", und das Schöne selbst ist kein Begriff. Damit kommen wir zur ersten Hälfte der Geschmacksantinomie: „Das Geschmacksurteil gründet sich nicht auf Begriffen; denn sonst ließe sich darüber disputieren (durch Beweise entscheiden)" (KdU 234).

Dennoch scheint eine solche Schlußfolgerung nicht mit dem Umstand zusammenzupassen, daß ein ästhetisches Urteil die Form eines *Urteils* hat. Wenn ich von etwas sage, es sei schön, meine ich nicht nur, daß es *mir* gefällt: Ich spreche über es und nicht über mich, und wenn ich dazu aufgefordert werde, versuche ich Gründe für meine Auffassung zu finden. Ich *erkläre* meine Empfindung nicht, aber gebe *Gründe* für sie an, indem ich auf Merkmale ihres Gegenstandes verweise. Und jede Suche nach Gründen weist den allgemeinen Charakter der Rationalität auf. In Wirklichkeit sage ich, daß andere, sofern sie vernünftig sind, genau dieselbe Freude empfinden sollten wie ich. Das führt auf die zweite Hälfte der Kantischen Antinomie: „Das Geschmacksurteil gründet sich auf Begriffen; denn sonst ließe sich ... darüber auch nicht einmal streiten (auf die notwendige Einstimmung anderer mit diesem Urteile Anspruch machen)" (KdU 234).

Die synthetischen Gründe a priori des Geschmacks

Nach Kant wurzelt das Urteil über das Schöne nicht in Begriffen, sondern in einem Gefühl des Wohlgefallens; zugleich wird behauptet, daß dieses Wohlgefallen allgemein gültig und sogar „notwendig" ist. Zum ästhetischen Urteil gehört ein „Sollen": Andere sollen so empfinden wie ich, und in dem Maße, wie sie es nicht tun, sind entweder sie oder ich im Unrecht. Das bringt uns dazu, Gründe für unsere Urteile zu suchen. Die Ausdrücke „Allgemeinheit" und „Notwendigkeit" verweisen uns auf die charakteristischen Eigenschaften des Apriori. Es ist deutlich, daß das Postulat, andere sollten so empfinden wie ich, nicht aus der Erfahrung stammt: Es bildet im Gegenteil eine Voraussetzung des ästhetischen Gefallens. Es ist auch nicht analytisch. Daher muß es synthetisch a priori sein.

Dieses Argument ist fragwürdig. Die „Notwendigkeit" des Geschmacksurteils hat wenig mit der Notwendigkeit der apriorischen Verstandesgesetze zu tun, auch führt seine Allgemeinheit nicht zu einem bestimmten Prinzip. Gelegentlich sieht Kant dies ein und spricht davon, daß ein ästhetisches *Wohlgefallen* und nicht ein ästhetisches Urteil allgemein gültig und somit a priori sei (KdU 149f.). Trotzdem war er davon überzeugt, daß die Ästhetik dasselbe Problem aufwirft wie alle Philosophie: „Und so gehört diese Aufgabe der Kritik der Urteilskraft unter das allgemeine Problem der Transzendentalphilosophie: Wie sind synthetische Urteile a priori möglich?" (KdU 149).

Kant bietet als Antwort eine „transzendentale Deduktion" an. Sie ist nur fünfzehn Zeilen lang und völlig unzureichend. Wenig überzeugend stellt er fest: „Diese Deduktion ist darum so leicht, weil sie keine objektive Realität eines Begriffs zu rechtfertigen nötig hat" (KdU 152). Tatsächlich jedoch sucht er unabhängig davon sowohl eine apriorische Komponente im Geschmacksurteil als auch die Legitimität seines „Allgemeinheits"-Postulats nachzuweisen.

Kants Interesse gilt wie immer der Objektivität. Ästhetische Urteile erheben einen Geltungsanspruch. Auf welche Weise läßt sich dieser Anspruch einlösen? Während die Objektivität theoretischer Urteile einen Beweis erforderte, daß die Welt so ist, wie der Verstand sie darstellt, war für die praktische Vernunft ein solcher Nachweis nicht nötig. Es reichte aus zu zeigen, daß die Vernunft jedes Handlungssubjekt auf bestimmte Grundprinzipien verpflichtete. Beim ästhetischen Urteil wird noch weniger verlangt. Wir werden nicht danach gefragt, Prinzipen zu begründen, die die Zustimmung eines jeden vernünftigen Wesens verlangen. Es ist der Aufweis hinreichend, wie der Gedanke allgemeiner Geltung möglich ist. Beim ästhetischen Urteil gilt lediglich: „Man wirbt um jedes andern Beistimmung" (KdU 63). Es ist nicht so, daß es gültige Regeln des Geschmacks geben würde, sondern vielmehr so, daß wir unser Wohlgefallen in einer Weise *auffassen* müssen, als empfange es seine Geltung durch den Gegenstand.

Kant unterscheidet zwischen sinnlichem und betrachtendem Wohlgefallen. Das Gefallen am Schönen verlangt, obgleich es „unmittelbar" ist (nicht dem begrifflichen Denken entstammt), trotzdem eine reflexive Betrachtung seines Gegenstandes. Das reine Geschmacksurteil verbindet unmittelbar „Wohlgefallen oder Mißfallen … mit der bloßen *Betrachtung* des Gegenstandes" (KdU 71). Das ästhetische Wohlgefallen muß daher vom rein sinnlichen Wohlgefallen an Essen und Trinken unterschieden werden. Es kann sich nur vermittels solcher Sinne einstellen, die ebenso eine Betrachtung zulassen (was bedeutet: vermittels Sehen und Hören).

Dieser Akt der Betrachtung erfordert Aufmerksamkeit auf das Objekt nicht als Einzelfall eines Allgemeinen (oder eines Begriffs), sondern als das besondere Ding, das es ist. Das individuelle Objekt wird im ästhetischen Urteil isoliert und „um seiner selbst willen" angeschaut. Doch die Betrachtung beläßt es nicht bei diesem Akt der Isolierung. Sie setzt einen Abstraktionsprozeß in Gang, der exakt dem Prozeß entspricht, durch den die Vernunft zum kategorischen Imperativ kommt. Ein ästhetisches Urteil abstrahiert von jeglichem „Interesse“ des Beobachters. Es sieht den Gegenstand nicht als ein Mittel zum Zweck an, sondern allein in seiner „Zweckmäßigkeit ohne Zweck“. Die Wünsche, Ziele und Absichten des Beobachters werden im Akt der Betrachtung stillgestellt, und der Gegenstand wird angeschaut *„ohne alles Interesse“* (KdU 16). Diese Abstraktionsleistung wird im Zuge einer Ausrichtung auf den individuellen Gegenstand in seiner spezifischen „Beschaffenheit“ (KdU 18) vollbracht. Daher führt sie, anders als die Abstraktion, die den kategorischen Imperativ hervorbringt, nicht zu einer allgemeinen Regel. Dennoch unterstreicht sie die „Allgemeinheit“ des nachfolgenden Urteils. Aus diesem Grund wird es mir möglich, „in Sachen des Geschmacks den Richter zu spielen“ (KdU 7). Nachdem ich von all meinen Wünschen und Interessen abstrahiert habe, habe ich aus meinem Urteil alle Bezüge auf die für mich charakteristischen „empirischen Bedingungen“ entfernt und meine Erfahrung auf die Vernunft allein ausgerichtet – gerade so, wie ich die Zwecke einer Handlung auf die Vernunft ausrichte, wenn ich moralisch handle. Da sich das Wohlgefallen „nicht auf irgend eine Neigung des Subjekts (noch auf irgend ein anderes überlegtes Interesse) gründet ... so kann er [der Urteilende] keine Privatbedingungen als Gründe des Wohlgefallens auffinden, an die sich sein Subjekt allein hinge“ (KdU 17). In diesem Fall, so scheint es, muß sich der ästhetisch Urteilende für genötigt und ebenso für berechtigt halten, sein Wohlgefallen für alle vernünftigen Wesen verpflichtend sein zu lassen.

Einbildungskraft und Freiheit

Welcher Aspekt von Rationalität ist an der ästhetischen Betrachtung beteiligt? In der subjektiven Deduktion der ersten *Kritik* hatte Kant die zentrale Rolle der Einbildungskraft für die „Synthesis" von Begriff und Anschauung hervorgehoben. Die Einbildungskraft verwandelt die Anschauung in ein Gegebenes; wir nehmen die Einbildungskraft in Anspruch, wann immer wir unserer Erfahrung einen „Inhalt" zuschreiben, der die Welt zur Darstellung bringt. Wenn ich etwa draußen an meinem Fenster einen Mann sehe, ist der Begriff „Mann" in dieser Wahrnehmung enthalten. Diese Leistung, die Erfahrung mit Begriffen zu durchdringen, ist die Leistung der Einbildungskraft.

Kant war der Meinung, daß die Einbildungskraft von den Begriffen (das heißt, von den Regeln des Verstandes) auch „befreit" werden könnte, und zwar in einem „freien Spiel" der Erkenntniskräfte. Das Zusammenspiel von Anschauung und Begriff charakterisiert das ästhetische Urteil. Im freien Spiel der Erkenntniskräfte sind die Begriffe entweder gänzlich unbestimmt, oder sie sind bestimmt, werden aber nicht zur Anwendung gebracht. Ein Beispiel für den ersten Fall bildet die „Synthesis" der Einbildungskraft, die vorliegt, wenn eine Gruppe von Flecken als Muster gesehen wird. Hier gibt es keinen bestimmten Begriff. Da ist nichts, was für ein Muster spricht, außer einer wahrgenommenen Ordnung, und es wird, abgesehen von jener unbestimmten Idee, in der Erfahrung kein Begriff angewandt. Ein Beispiel für den zweiten Fall bildet die „Synthesis", die vorliegt, wenn auf einem Bild ein Gesicht gesehen wird. Hier ist an der Synthesis der Einbildungskraft der Begriff „Gesicht" beteiligt, aber er wird auf den Gegenstand nicht angewandt. Ich urteile nicht, daß das da vor mir ein Gesicht ist, sondern nur, daß meine Einbildungskraft mir erlaubt, es als ein solches zu betrachten. Diese zweite Art des „freien Spiels" bildet die Grundlage für unser Verstehen von künstlerischen Darstellungen. Kant war mehr an der ersten Art interessiert, und das führte ihn zu einem formalistischen Verständnis des Schönen in der Kunst.

Das freie Spiel der Erkenntniskräfte versetzt mich in die Lage, Begriffe an eine Erfahrung heranzutragen, die in sich selbst „frei von Begriffen“ ist. Daher kann ich trotz der Tatsache, daß es keine Geschmacksregeln gibt, Gründe für mein ästhetisches Urteil angeben. Ich kann mein Wohlgefallen begründen, indem ich mich auf die „Beschaffenheit des Gegenstandes“ (KdU 18) beziehe, die es verursacht.

Harmonie und Gemeinsinn

Kant achtete die Kunst geringer als die Natur, und innerhalb der Kunst schätzte er die Musik am geringsten ein, „weil sie bloß mit Empfindungen spielt“ (KdU 220). Dennoch bietet die Musik eine gutes Beispiel, um die Kantische Theorie zu veranschaulichen. Wenn ich Musik höre, höre ich eine bestimmte Ordnung. Etwas beginnt, entwickelt sich und erhält eine Einheit aus seinen Teilen. Diese Einheit findet sich allerdings nicht *da* in den Noten vor mir. Sie ist ein Produkt meiner Wahrnehmung. Ich höre sie nur deshalb, weil meine Einbildungskraft meine Wahrnehmung unter die unbestimmte Idee einer Einheit bringt. Nur Wesen mit einer Einbildungskraft (ein Vermögen der Vernunft) können eine musikalische Einheit hören, da nur sie diese unbestimmte Synthesis zustande bringen können. Auf ihr beruht die Einheit meiner Wahrnehmung. Doch diese Wahrnehmung ist nicht willkürlich, da sie mir durch meine Vernunftnatur aufgenötigt wird. Ich nehme die Ordnung in meiner Erfahrung als eine objektive wahr. Die Erfahrung der Einheit verursacht Wohlgefallen, und dies gehört ebenfalls zur Tätigkeit der Vernunft. Ich unterstelle, daß das Wohlgefallen – ebenso wie die Melodie – sich bei allen einstellt, die ebenso beschaffen sind wie ich. Aus diesem Grund betrachte ich mein Wohlgefallen an der Musik als Ergebnis eines „sensus communis“ (KdU 156), das heißt, als Ausdruck einer Veranlagung, die zugleich in der Erfahrung gründet und allen vernünftigen Wesen gemein ist.

Aber wie kommt es dazu, daß die Erfahrung einer Einheit mit Wohlgefallen verbunden ist? Wenn ich die formale Einheit einer Musik höre, beruht meine Erfahrung auf einer Vereinbarkeit dessen, was ich höre, mit der Einbildungskraft, die es in die besagte Einheit bringt. Obwohl die Einheit ihren Ursprung in mir hat, wird sie einem von mir unabhängigen Objekt zugeschrieben. In der Erfahrung der Einheit spüre ich somit eine Übereinstimmung zwischen meinen Vernunftvermögen und dem Objekt (den Klängen), auf das sie sich richten. Dieses Gefühl einer Übereinstimmung zwischen mir und der Welt ist sowohl der Ursprung meines Wohlgefallens als auch der Grund für seine Allgemeinheit.

> „Eben so macht derjenige, welcher in der bloßen Reflexion über die Form eines Gegenstandes, ohne Rücksicht auf einen Begriff, Lust empfindet, ob zwar dieses Urteil empirisch und einzelnes Urteil ist, mit Recht Anspruch auf jedermanns Beistimmung; weil der Grund zu dieser Lust in der allgemeinen obzwar subjektiven Bedingung der reflektierenden Urteile, nämlich der zweckmäßigen Übereinstimmung eines Gegenstandes … mit dem Verhältnis der Erkenntnisvermögen unter sich, die zu jedem empirischen Erkenntnis erfordert wird (der Einbildungskraft und des Verstandes), angetroffen wird" KdU A XLIV f.).

Form und Zweckmäßigkeit

Es hat also den Anschein, daß unser Wohlgefallen an dem Schönen seine Wurzel in einem Vermögen hat, aufgrund des freien Spiels der Erkenntniskräfte erstens das harmonische Zusammenwirken unseres eigenen Vernunftvermögens wahrzunehmen und zweitens diese Harmonie in die empirische Welt hinein zu verlängern. Wir sehen in den Gegenständen eben die formale Einheit, die wir in uns selbst entdecken. Darin liegt unser Wohlgefallen begründet, und das bildet die Grundlage unseres „sensus communis" des

Schönen. Und „nur unter der Voraussetzung ... eines solchen Gemeinsinns kann das Geschmacksurteil gefällt werden“ (KdU 65).

Kant unterscheidet die „freie“ von der bloß „anhängenden“ Schönheit. Die erste wird gänzlich ohne die Mithilfe begrifflichen Denkens wahrgenommen, die zweite bedarf einer vorgängigen begrifflichen Erfassung des Objekts. Wenn ich ein gegenständliches Bild wahrnehme oder ein Gebäude, kann ich solange keinen Eindruck von deren Schönheit haben, bis ich das Objekt unter Begriffe gebracht habe – wobei ich mich im einen Fall auf den zum Ausdruck gebrachten Inhalt beziehe, im anderen auf die Funktion, die erfüllt wird (KdU 49 f.). Das Urteil eines in dieser Weise „anhängig“ Schönen ist weniger rein als das Urteil des „freien“ Schönen, und es würde nur in den Augen einer Person rein erscheinen, die keine Vorstellung von der Bedeutung oder Funktion dessen hat, was sie gesehen hat (KdU 52 f.). Die reinsten Beispiele des Schönen sind daher „frei“. Nur in der Betrachtung solcher Beispiele sind unsere Vermögen in der Lage, völlig von den Belastungen des gewöhnlichen theoretischen und praktischen Denkens abzusehen und sich jenem freien Spiel zu überlassen, das für das ästhetischen Wohlgefallen verantwortlich ist. Beispiele für dieses freie Schöne finden sich in großer Zahl in der Natur, nicht aber in der Kunst.

Die Einheit, die wir in der freien Schönheit der Natur wahrnehmen, ist frei von allen Interessen: Es handelt sich um eine Einheit, die sich auf keinen bestimmten Zweck bezieht. Doch sie spiegelt uns eine Ordnung wider, die ihren Ursprung in uns selbst als zweckhaften Wesen hat. Daher weist sie die unbestimmten Spuren eines Zwecks auf. Kant spricht davon, die ästhetische Einheit bringe eine „Zweckmäßigkeit ohne Zweck“ zur Darstellung. Die ästhetische Erfahrung, die uns dazu bringt, ein jedes Objekt als Zweck in sich selbst zu betrachten, erweckt in uns ebenso ein Gefühl für die Zweckmäßigkeit der Natur.

Bei der Wahrnehmung dieser „Zweckmäßigkeit“ handelt es sich

– wie bei den regulativen Vernunftideen (siehe oben 77 f.) – nicht um eine Wahrnehmung dessen, was ist, sondern um eine Wahrnehmung „als ob". Dennoch ist es ein unausweichliches „als ob": Wir *müssen* die Welt auf diese Weise betrachten, wenn wir unseren eigenen Platz – sowohl als erkennende wie auch als handelnde Geschöpfe – in ihr finden wollen. Das ästhetische Urteilsvermögen, das uns die reine Erfahrung einer wohlgefügten Ordnung in der Natur ermöglicht, macht uns frei sowohl für das theoretische Erkennen als auch für die Aufgaben des moralischen Lebens. Es ermöglicht ebenso den Übergang vom Theoretischen zum Praktischen: Indem wir in der Natur eine Absicht aufspüren, erkennen wir, daß unsere eigenen Zwecke darin zur Darstellung kommen könnten (KdU A LIII). Darüber hinaus ist der Begriff der Zweckmäßigkeit – erneut wie schon die Vernunftideen – „übervernünftig": Es handelt sich um die Idee eines transzendentalen Plans, dessen Zweck wir nicht zu erkennen vermögen.

Die ästhetische Erfahrung ist die Trägerin vieler solcher „ästhetischen Ideen". Dabei handelt es sich um Vernunftideen, die die Grenzen möglicher Erfahrung übersteigen. Sie versuchen in „vernünftiger" Form den unbeschreibbaren Charakter der jenseitigen Welt zur Darstellung zu bringen (KdU 193 f.). Es gibt keine wahre Schönheit ohne ästhetische Ideen; wir stoßen auf sie in der Kunst und in der Natur. Die ästhetische Idee prägt unseren Sinnen die Andeutung eines transzendentalen Reiches ein. Der Dichter versucht, selbst wenn er von empirischen Phänomenen handelt, diese „vermittelst einer Einbildungskraft ... in einer Vollständigkeit sinnlich zu machen, für die sich in der Natur kein Beispiel findet" (KdU 194). Auf diese Weise erklärt Kant die Wirkung einer ästhetischen Verdichtung. Wenn Milton zum Beispiel die Rachegelüste des Satans zum Ausdruck bringt, tragen seine glühenden Worte uns fort. Wir merken, daß wir nicht auf diese oder jene, wie man meinen könnte, „zufällige" Empfindung achten, sondern auf das wirkliche Wesen der Rache. Wir scheinen die Grenzen zu überschreiten, die jedem natürlichen Beispiel gesetzt sind, und eines

Unbeschreiblichen innezuwerden, das diese nur blaß wiedergeben. Wenn Wagner durch die Musik seines *Tristan* das unstillbare Verlangen der erotischen Liebe zum Ausdruck bringt, ist es ebenfalls so, als ob wir über unsere eigenen, begrenzten Leidenschaften erhoben würden und einen Blick auf die Vollendung werfen dürfen, nach der sie streben. Kein Begriff erlaubt uns, so weit emporzusteigen: Doch die ästhetische Erfahrung mit ihrem immerwährenden Bemühen, die Grenzen unserer Perspektivität zu überschreiten, scheint zu „verkörpern", was nicht gedacht werden kann.

Teleologie und das Göttliche

Kant versucht dann, von seiner Philosophie des Schönen aus zu einer Darstellung unseres Weltverhältnisses überzugehen, das frei sein soll von jener Beschränkung auf unsere eigene Perspektive, die er in der ersten *Kritik* zu einer notwendigen Bedingung des Selbstbewußtseins erklärt hatte. In der ästhetischen Erfahrung sehen wir uns selbst in Verbindung mit einer transzendentalen oder übervernünftigen Realität, die jenseits der Reichweite des Denkens liegt. Wir werden uns unserer eigenen Beschränkungen, der Größe der Welt und der unbeschreibbar guten Ordnung bewußt, die uns das Erkennen und Handeln in ihr gestattet. Kant greift in diesem Zusammenhang auf Burkes Unterscheidung zwischen dem Schönen und dem Erhabenen zurück. Manchmal, wenn wir die Harmonie zwischen der Natur und unseren Vermögen wahrnehmen, sind wir beeindruckt von der Zweckmäßigkeit und Verständlichkeit alles dessen, was uns umgibt. Das ist das Gefühl des Schönen. Manchmal, überwältigt von der unendlichen Größe der Welt, verzichten wir auf den Versuch, sie zu verstehen und zu beherrschen. Das ist das Gefühl des Erhabenen. Gegenüber dem Erhabenen wird das Gemüt „die Sinnlichkeit zu verlassen … angereizt" (KdU 77).

Kants Bemerkungen über das Erhabene sind nicht ganz klar, aber sie stützen die Interpretation seiner Ästhetik als einer Art „Voranzeige" der Theologie. Er definiert das Erhabene als das, „was auch nur denken zu können ein Vermögen des Gemüts beweiset, das jeden Maßstab der Sinne übertrifft" (KdU 85). Das Urteil des Erhabenen nimmt unsere moralische Natur am meisten in Anspruch. Damit liefert es einen weiteren Grund für die „Allgemeinheit" des Geschmacks; denn es macht deutlich, daß wir in dem Anspruch auf Zustimmung die Teilhabe an einem moralischen Gefühl verlangen (KdU 111 f.). Mit dem Urteil des Erhabenen setzen wir allgemeine Zustimmung voraus, daß in unseren Erfahrungen ein übervernünftiges Reich gegenwärtig ist. Jemand, der weder die Ehrwürdigkeit der Natur noch ihre ehrfurchtgebietende Macht zu spüren vermag, dem fehlt in unseren Augen der notwendige Sinn für seine eigenen Grenzen. Er hat nicht den „transzendentalen" Blick auf sich selbst, aus dem alle wahre Moralität entspringt.

Aus dieser Ahnung des Erhabenen scheint Kant sein Vertrauen auf ein höchstes Wesen zu gewinnen. Der zweite Teil der *Kritik der Urteilskraft* ist der „Teleologie" gewidmet: dem Verständnis des Zwecks von Dingen. Hier bringt Kant auf eine Art und Weise, die viele Kommentatoren unbefriedigt gelassen hat, seine letztliche Sympathie für die Theologie zum Ausdruck. Unsere Gefühle des Erhabenen und des Schönen verbinden sich zu einem unausweichlichen Bild der Natur als Schöpfung. Im Schönen entdecken wir die Zweckmäßigkeit der Natur; im Erhabenen erfahren wir Andeutungen ihrer transzendenten Ursprünge. In keinem dieser beiden Fälle können wir unsere Gefühle in ein vernünftiges Argument überführen; alles, was wir wissen, ist, daß wir über das Transzendente nichts wissen. Aber das ist nicht alles, was wir *fühlen*. Der teleologische Gottesbeweis ist kein theoretischer Beweis, sondern eine moralische Intuition, die uns durch unsere Gefühle für die Natur anschaulich gemacht wird und die durch unsere vernünftigen Handlungen ihre Realisierung erfährt. Dabei wird sie in dem

Sinne realisiert, daß sich in unseren moralischen Handlungen der wahre Schöpfungszweck abzeichnet. Doch bleibt zu beachten, daß sich diese Intuition auf eine ideale und nicht auf eine wirkliche Welt bezieht. So stellen wir in allen unseren moralischen Handlungen die göttliche Teleologie unter Beweis, ohne zeigen zu können, daß sie für die Welt gilt, in der wir handeln. Wir kennen den Endzweck der Natur zwar nicht theoretisch, aber doch praktisch. Er liegt in der Ehrfurcht vor der reinen praktischen Vernunft, die für sich selbst gesetzgebend ist. Wenn wir diese Ehrfurcht mit unserer Erfahrung des Erhabenen verknüpfen, haben wir, wie flüchtig auch immer, einen Eindruck vom Transzendenten.

Es ist also so, daß die ästhetische Urteilskraft uns zur Erfassung einer transzendenten Welt führt, während die praktische Vernunft dieser Wahrnehmung einen Inhalt gibt und versichert, daß es sich bei dieser Andeutung einer perspektivenfreien Sicht der Dinge tatsächlich um eine Andeutung Gottes handelt. Das ist es, was Kant sowohl mit seiner Lehre von den ästhetischen Ideen als auch mit seiner Lehre vom Erhabenen erreichen will. In beiden Fällen sehen wir uns einem Gebrauch der Einbildungskraft „für dessen übersinnliche Bestimmung" gegenüber und werden genötigt, „die Natur selbst in ihrer Totalität, als Darstellung von etwas Übersinnlichem, zu *denken*, ohne diese Darstellung *objektiv* zu Stande bringen zu können" (KdU 115f.). Das Übervernünftige ist das Transzendentale. Es kann nicht vermittels Begriffen gedacht werden, und der Versuch, es vermittels „Ideen" zu denken, ist durch Selbstwiderspruch belastet. Doch die Vernunftideen – Gott, Freiheit, Unsterblichkeit – leben in unserem Bewußtsein wieder auf, indem sie durch die Einbildungskraft in eine sinnliche und ästhetische Form gebracht werden. Wir können diese Ideen nicht aufgeben. Denn das würde bedeuten, unseren Blickwinkel auf die Welt zum Maßstab dessen zu erklären, worin die Welt besteht, und damit uns selbst zu Göttern zu erheben. Die praktische Vernunft und die ästhetische Erfahrung lassen uns demütig werden. Sie erinnern uns daran, daß die Welt in ihrer Totalität, aus keiner endlichen Perspektive heraus betrachtet, unserer Erkenntnis nicht zugänglich ist. Diese Demut der Vernunft ist damit der eigentliche Gegenstand der Achtung. Nur das ist an einem vernünftigen Wesen zu verehren – daß er als Glied eines transzendentalen Reichs fühlt und handelt, während er sich zugleich dessen bewußt ist, daß er nur die Welt der Natur zu erkennen vermag. Die ästhetische Erfahrung und die praktische Vernunft sind also lediglich zwei unterschiedliche Aspekte des Moralischen: Und nur durch die Moralität empfinden wir die Transzendenz wie auch die Immanenz Gottes.

7. Transzendentalphilosophie

Kants unmittelbare Nachfolger waren der Meinung, daß er dem Gang der Philosophie unwiderruflich eine neue Richtung gewiesen habe. Doch bereits zu Kants Lebzeiten wurde die intellektuelle Welt durch eine Kontroverse über die Bedeutung seines kritischen Systems gespalten. War Kant schließlich doch ein Leibnizianer, wie Eberhard ihm das vorwarf? War er der Auffassung, daß die Welt der Natur nichts anderes als ein „wohlbegründetes Phaenomenon" sei, während die Realität selbst aus zeitlosen, raumlosen und noumenalen Substanzen bestehe, deren Attribute sich aus der Vernunft allein ableiten ließen? Ist das „Ding an sich" also die zugrundeliegende Substanz, die den Erscheinungen Bestand verleiht? In einer Reihe von Briefen an den älteren Kant erprobt sein Schüler Jakob Beck diese Interpretation und sucht ihre Unhaltbarkeit zu erweisen. Doch wenn die Transzendentalphilosophie keine Version des Leibnizschen Rationalismus darstellt, warum ist sie dann andererseits mehr als eine bloße Wiederholung des skeptischen Empirismus Humescher Prägung? Kants Philosophie ist auf ihrer negativen Seite sehr viel klarer als auf ihrer positiven, und zu seiner Zeit wurde er (von J.G. Hamann) „der preußische Hume" genannt. In der langen Zusammenfassung, die das Antinomie-Kapitel der ersten *Kritik* beschließt, hebt Kant diese negative Seite hervor und schreibt mit Stolz über die Methode, die ihn in die Lage versetzt habe, sich über alle vorher vorhandenen Argumente zu erheben, um zu zeigen, daß bestimmte Schlußfolgerungen nicht nur unbewiesen, sondern unbeweisbar sind.

Weder die Leibnizsche noch die Humesche Interpretation ist

wirklich haltbar. Es stimmt, daß Kant gelegentlich Begriffe als „Regeln“ zur Organisation unserer Wahrnehmungen auffaßt (z.B. A 126) – eine Auffassung, die an Hume erinnert. Es stimmt ebenso, daß er sich zu der „transzendentalen Hypothese“ eines Reichs von „Dingen, wie sie sind“ (z.B. A 780, B 808) hinreißen läßt – eine Auffassung, die ihn an die Seite von Leibniz stellen würde. Doch diese abweichenden Bemerkungen kommen nur vereinzelt vor. Kants eigentliche kritische Philosophie läßt sich an keine ihrer Vorläufer angleichen, da sie beiden den Boden entzieht.

Die erste bedeutende Denkschule, die aus der Kantischen Philosophie hervorging, war der Idealismus Fichtes (1762–1814), Schellings (1775–1854) und Hegels (1770–1831). Diesen Philosophen zufolge hat die kritische Philosophie dadurch, daß sie das „Ding an sich“ verwarf, deutlich gemacht, daß die Realität mit Bewußtseinsbegriffen betrachtet werden muß. Die Erkenntnis eines Gegenstandes wird als ein „Setzen“, nicht als „Empfangen“ bestimmt. Für Fichte bestand Kants große Leistung darin, gezeigt zu haben, daß der Geist nur im Zuge seiner eigenen Aktivität zu Erkenntnissen kommt; in einem wichtigen Sinne stellen die Objekte der Erkenntnis ein *Produkt* dieser Aktivität dar. Das Gemüt wird mit dem „transzendentalen Selbst“ identifiziert und als das eine noumenale Objekt aufgefaßt, mit dem wir vertraut sind. Doch wieder stellt sich die Frage: Wer sind wir? In Fichtes Philosophie wird das transzendentale Selbst zu einer Art universalem Geist, durch welchen die separaten empirischen Selbste gebildet werden, zusammen mit der „Welt der Erscheinungen“, für die sie ihre Energien aufwenden. Das Ganze ist abhängig von einer unerkennbaren Synthesis, die aus dem unerschöpflichen Reservoir des „Dings an sich“ heraus die Natur entstehen läßt.

Auch Schopenhauer (1788–1860) stand unter dem Einfluß dieser Interpretation. Er war der Meinung, daß Kant zu Recht das „transzendentale Selbst“ mit dem Willen identifiziert habe (der daher die eigentliche „Substanz“ hinter den Erscheinungen darstelle). Für Schopenhauer gelten die wissenschaftlichen Begriffe wie Raum, Zeit, Objekt und Ursache nur für Erscheinungen, indem sie der Welt der Erscheinungen (oder dem „Schleier der Maya“ – ein Ausdruck, den Schopenhauer der orientalischen Mystik entnimmt) eine Ordnung auferlegen. Hinter diesem Schleier nimmt der Wille seinen endlosen, unerkennbaren und unerfüllbaren Lauf. Hegel entfaltete demgegenüber Fichtes Idee des Gewußten als eines vom Wissenden „Gesetzten“. Er versuchte zu zeigen, daß die in der transzendentalen Deduktion untermauerte objektive Referenz nur das erste Stadium eines Entwicklungsprozesses des Selbstbewußtseins darstellt. Der Geist gelangt durch die Setzung einer immer komplexeren Welt zur Selbsterkenntnis. Hegel nannte diesen Prozeß „dialektisch“ – und wollte ihn damit nicht verabschieden, sondern auf den Schild heben. Er war davon überzeugt, daß Kants erste *Kritik* nicht die Fehler der reinen Vernunft aufgewiesen habe, sondern den dynamischen Prozeß von Hypothese und Widerlegung, durch den die Vernunft ständig ihre eigenen Errungenschaften negiert, um aus den Trümmern partieller Erkenntnis zu einem immer vollständigeren, „absoluteren“ Bild der Realität zu gelangen.

Kant hätte jenen Rückgang auf die Leibnizsche Vision abgelehnt. „Die leichte Taube“, schreibt er, „indem sie im freien Fluge die Luft teilt, deren Widerstand sie fühlt, könnte die Vorstellung fassen, daß es ihr im luftleeren Raum noch viel besser gelingen werde“ (A 5, B 8). In diesem Sinne wies er alle Ansprüche auf eine absolute Form des Wissens als gegenstandslos ab, die über das widerständige Medium der Erfahrung hinauszugehen suchen. Der Begriff eines transzendentalen Objekts werde mißverstanden, wenn er so aufgefaßt werde, als würde er auf ein reales Ding Bezug nehmen. Die Idee ist nur als ein „Gesichtspunkt“ (A 681, B 709) gesetzt, um deutlich zu machen, „daß die Grundsätze des reinen Verstandes nur in Beziehung … auf Gegenstände der Sinne, niemals aber auf Dinge überhaupt (ohne Rücksicht auf die Art zu nehmen, wie wir sie anschauen mögen), bezogen werden können“ A 246, B 303). Es gibt keine Beschreibung der Welt, die von einem

Bezug auf die Erfahrung absehen könnte. Obwohl die Welt, die wir erkennen, weder unsere Schöpfung noch lediglich eine Zusammenfassung unserer Perspektive ist, kann sie außer aus unserem Blickwinkel heraus nicht erkannt werden. Alle Versuche, die durch die Erfahrung gesetzten Grenzen zu durchbrechen, enden in Selbstwidersprüchen, und obwohl wir Andeutungen einer „transzendentalen" Erkenntnis haben, kann diese Erkenntnis niemals die unsere sein. Diese Andeutungen beschränken sich auf das moralische Leben und die ästhetische Erfahrung, und obgleich sie uns in einem gewissen Sinne sagen, was wir wirklich sind, lassen sie sich nur auf unverständliche Weise durch Worte zum Ausdruck bringen. Eine Philosophie, die die Grenzen der Erkenntnis umreißt, steht immer in der Gefahr, diese zu überschreiten. Doch Kants letzter Rat dazu stimmt mit dem letzten Satz von Wittgensteins *Tractatus Logico-Philosophicus* überein: „Worüber man nicht sprechen kann, darüber muß man schweigen".

Literaturhinweise zum Weiterlesen

Englischsprachige Literatur

Es gibt nur wenige Kant-Biographien, und die sind keine aufregende Lektüre. Die ausführlichste, wenngleich nicht genaueste, ist die von J. H. W. Stuckenberg, *The Life of Immanuel Kant* (London 1882). Die Zahl der Untersuchungen über Kants Philosophie ist riesig. Ein wachsendes Interesse an Kant unter englischsprachigen Philosophen hat zu einer Vielzahl neuerer Arbeiten von hoher Qualität und Klarheit geführt. Die beste ist P. F. Strawsons *The Bounds of Sense* (London 1966). Sie enthält eine durchgängige Darstellung und teilweise Verteidigung der Argumentation der ersten Kritik in ihrer ‚objektiven' Interpretation. Die ‚subjektive' Replik von Ralph Walker, *Kant* (London 1979), ist klar und gelehrt, doch weniger überzeugend. Diejenigen, die an einer betont empiristischen Interpretation interessiert sind, sollten sich mit den beiden Studien von Jonathan Bennett befassen: *Kant's Analytic* (Cambridge 1966) und *Kant's Dialectic* (Cambridge 1974). Die beste kurze Einführung auf englisch bleibt die von A. C. Ewing (London 1938) unter dem Titel *A Short Commentary on Kant's Critique of Pure Reason.* Weder die zweite noch die dritte Kritik haben einen Kommentar von gleicher Qualität gefunden. Die besten, die ich kenne, sind H. J. Patons *The Categorical Imperative* (London 1947) zur Ethik und Donald W. Crawfords *Kant's Aesthetic Theory* (Madison 1974) zur Ästhetik.

Deutschsprachige Literatur*

Biographien

Borowski, Ludwig Ernst u. a.: *Immanuel Kant. Sein Leben in Darstellungen von Zeitgenossen. Die Biographien von L. E. Borowski, R. B. Jachmann und E. A. Ch. Wasianski.* Darmstadt 1993.

Gulyga, Arsenij: *Immanuel Kant.* Frankfurt a. M. 1981.

Malter, Rudolf (Hrsg.): *Immanuel Kant in Rede und Gespräch.* Hamburg 1990.

Zu Kants Philosophie allgemein

Konhardt, Klaus: *Die Einheit der Vernunft. Zum Verhältnis von theoretischer und praktischer Vernunft in der Philosophie Immanuel Kants.* Königstein/Ts. 1979.

Prauss, Gerold (Hrsg.): *Kant. Zur Deutung seiner Theorie von Erkennen und Handeln.* Köln 1973.

Schönrich, Gerhard, und Kato, Yasushi (Hrsg.): *Kant in der Diskussion der Moderne.* Frankfurt a. M. 1996.

Höffe, Otfried: *Immanuel Kant.* München 1992^3.

Zur Theoretischen Philosophie

Aschenberg, Reinhold: *Sprachanalyse und Transzendentalphilosophie. Untersuchungen zur sprachanalytischen Rezeption von Kants Theorie der Erfahrung und zu strukturellen und methodologischen Grundbedingungen möglicher Transzendentalphilosophie.* Stuttgart 1982.

Baumanns, Peter: *Kants Philosophie der Erkenntnis. Durchgehender Kommentar zu den Hauptkapiteln der „Kritik der reinen Vernunft“.* Würzburg 1997.

* Ausgewählt von Dr. Martin Laube.

Heidegger, Martin: *Phänomenologische Interpretation von Kants Kritik der reinen Vernunft.* Marburger Vorlesung 1927/28, hrsg. v. Ingtraud Görland, Gesamtausgabe Bd. 25. Frankfurt a. M. 1977.

Mohr, Georg, und Willaschek, Marcus (Hrsg.): *Immanuel Kant. Kritik der reinen Vernunft.* Berlin 1998.

Prauss, Gerold: *Erscheinung bei Kant. Ein Problem der „Kritik der reinen Vernunft".* Berlin 1971.

Prauss, Gerold: *Kant und das Problem der Dinge an sich.* Bonn 1974.

Rohs, Peter: *Transzendentale Ästhetik.* Meisenheim 1973.

Rohs, Peter: *Transzendentale Logik.* Meisenheim 1976.

Zur Praktischen Philosophie und zur Ästhetik

Beck, Lewis White: *Kants „Kritik der praktischen Vernunft". Ein Kommentar.* München 1974.

Bittner, Rüdiger, und Cramer, Konrad (Hrsg.): *Materialien zu Kants „Kritik der praktischen Vernunft.* Frankfurt a. M. 1985[2].

Dörflinger, Bernd: *Die Realität des Schönen in Kants Theorie rein ästhetischer Urteilskraft. Zur Gegenstandsbedeutung subjektiver und formaler Ästhetik.* Bonn 1988.

Fricke, Christel: *Kants Theorie des reinen Geschmacksurteils.* Berlin/New York 1990.

Höffe, Otfried (Hrsg.): *Grundlegung zur Metaphysik der Sitten. Ein kooperativer Kommentar.* Frankfurt a. M. 1989.

Kulenkampff, Jens: *Kants Logik des ästhetischen Urteils.* Frankfurt a. M. 1994[2].

Prauss, Gerold: *Kant über Freiheit als Autonomie.* Frankfurt a. M. 1983.

Index

Menschen und Ideen, die unsere Welt verändert haben

Wilhelm Geerlings
Augustinus

Augustinus gilt vielen als der „erste moderne Mensch". Seine Grundgedanken werden im Zusammenhang seiner bewegten Biographie deutlich.

Thomas Buchheim
Aristoteles

Niemand hat unser heutiges wissenschaftliches Denken so sehr geprägt wie Aristoteles.

Martin Gessmann
Hegel

„Was vernünftig ist, ist wirklich, und was wirklich ist, das ist vernünftig." Seine Denkmethode, die auch sehr komplexe Sachverhalte zu fassen vermag, bleibt bis heute aktuell.

Klaus Fischer
Einstein

Mit seiner Relativitätstheorie hat er unser Weltbild revolutioniert. Stationen im Leben des großen Physikers und charismatischen Pazifisten und die Bedeutung seiner grundlegenden Einsichten.

Michael Bordt
Platon

Eine prägnante Einführung in Platons Ideen, in Hintergründe und Konsequenzen seines Denkens und eine kleine Einleitung ins Philosophieren überhaupt.

Vittorio Hösle / Christian Illies
Darwin

Darwin hat das Bild des Menschen von sich selbst, von der Weltordnung und vom Leben revolutioniert. Eine Einführung in Darwins Leben und Werk, die die bleibende Relevanz, aber auch die Grenzen seiner Ideen aufzeigt.

Anthony Stevens
C. G. Jung

C. G. Jungs Tiefenpsychologie ist zum festen Bestandteil unseres Denkens über die menschliche Seele geworden. „Sehr gelungen und ausgewogen. Etwas vom Besten, was ich je von Jung in dieser Kürze gelesen habe" *(Verena Kast).*

Tom Sorell
Descartes

Sein Satz „Ich denke, also bin ich" war epochemachend. Er gilt als Vater neuzeitlichen Denkens.

Ernstpeter Maurer
Luther

Martin Luther hat unser Verständnis von Freiheit, Vernunft, Gnade und Glauben bis heute geprägt und unsere Wirklichkeit nachhaltig verändert.

Anthony Kenny
Thomas von Aquin

Thomas von Aquin hat die Stellung des Menschen in der Schöpfung neu bestimmt und Antike und Christentum in einer einzigartigen Synthese zusammengedacht.

C. C. W. Taylor
Sokrates

Ohne Sokrates hätte sich das westliche Denken anders entwickelt. Aufgrund seiner moralischen und intellektuellen Integrität gilt er bis heute als Idealtypus des philosophischen Lebens.

Richard Tuck
Hobbes

Überraschende Aspekte eines großen politischen Denkers – die spannende Einführung in das Leben eines der wichtigsten Philosophen der frühen Neuzeit.

Stillman Drake
Galilei

„Und sie bewegt sich doch", dieser Satz machte Galileo Galilei weltberühmt – und zum Ketzer.

Michael Tanner
Nietzsche

Mit Sätzen wie „Gott ist tot" formulierte Friedrich Nietzsche einen Nihilismus, dessen Auswirkungen auf das 20. Jahrhundert immens waren. Ein „Erdbeben" seiner Epoche (Gottfiried Benn).

A. C. Grayling
Wittgenstein

Wittgensteins originelles und faszinierendes Denken reichte weit über die Grenzen der Philosophie hinaus und machte weltweit Schule. Eine glänzende Einführung, „fundiert und klar" *(Times)*.

Anthony Storr
Freud

„Wir alle »sprechen« Freud, ob korrekt oder nicht. Er ist und bleibt unvermeidlich“ (Peter Gay).

Michael Inwood
Heidegger

Der einflußreichste deutsche Denker des 20. Jahrhunderts: Martin Heidegger hat die menschliche Existenz in der modernen technikbestimmten Welt grundlegend neu gedacht.

Robert Wokler
Rousseau

Jean-Jacques Rousseau – eine zentrale Gestalt der europäischen Aufklärung und auch ihr gewaltigster Kritiker. Ein mächtiger Denker, Pädagoge und immer noch aktueller Gesellschaftskritiker.

Iring Fetscher
Marx

Mit seinen Analysen und Visionen wurde Karl Marx zum Vordenker moderner Revolutionen. Seine Fragen zu Gesellschaft und Individuum, Ökonomie und Arbeit sind unverändert aktuell.

HERDER / SPEKTRUM